# 科技成果转化政策组态效应及绩效提升

## 基于多层视角的研究

方　齐◎著

中国财经出版传媒集团

经济科学出版社
Economic Science Press

**图书在版编目（CIP）数据**

科技成果转化政策组态效应及绩效提升：基于多层
视角的研究/方齐著.—北京：经济科学出版社，
2023.8
ISBN 978 - 7 - 5218 - 5026 - 0

Ⅰ.①科…　Ⅱ.①方…　Ⅲ.①科技成果 - 成果转化 -
科技政策 - 研究 - 中国　Ⅳ.①F124.3

中国国家版本馆 CIP 数据核字（2023）第 151659 号

责任编辑：梁含依　谭志军
责任校对：孙　晨
责任印制：范　艳

科技成果转化政策组态效应及绩效提升：基于多层视角的研究
方　齐　著
经济科学出版社出版、发行　新华书店经销
社址：北京市海淀区阜成路甲 28 号　邮编：100142
经管中心电话：010 - 88191335　发行部电话：010 - 88191522
网址：www. esp. com. cn
电子邮箱：espcxy@ 126. com
天猫网店：经济科学出版社旗舰店
网址：http://jjkxcbs. tmall. com
北京季蜂印刷有限公司印装
710×1000　16 开　12.75 印张　210000 字
2023 年 8 月第 1 版　2023 年 8 月第 1 次印刷
ISBN 978 - 7 - 5218 - 5026 - 0　定价：65.00 元
（图书出现印装问题，本社负责调换。电话：010 - 88191545）
（版权所有　侵权必究　打击盗版　举报热线：010 - 88191661
QQ：2242791300　营销中心电话：010 - 88191537
电子邮箱：dbts@ esp. com. cn）

本书为国家社会科学基金重大项目"融入全球创新网络提升企业技术创新能力的学理、机制与政策研究"（项目编号：21ZDA013）阶段性研究成果。

# 前　言

　　传播和转化新的技术，是实现创造发明潜在的经济价值和社会价值的重要环节。尽管我国的科技成果转化政策已经形成较为丰满的体系，学术界和实践界对科技成果转移转化亦给予相当大的关注，但我国仍面临前沿科技成果实际产业转化率不高、大量技术链产业链环节发展受限等问题。近年来，为应对快速变化的世界，新的技术转移机制，如非线性转移机制逐渐受到更多学者的关注，多层视角（MLP）也逐渐被引入技术转移研究领域。但是，既有研究中基于多层视角进行非离散变量的实证检验仍十分少见。成果转化是随着时间推移相互作用的复杂过程，既有研究对宏观—中观—微观层面的多个相关条件的实证研究的忽视，导致现有研究成果无法很好地解释、预测和指导成果转化实践。受文化、地理、区域等因素影响，成果转化政策安排的理论适用性因地区而异，而既有研究多关注欧洲和北美区域。考虑到中国的区域技术资源以及独特的人文背景和组织实践，有必要在中国的成果转化背景下进行深入的实证分析与探讨，找准推动中国科技成果转化和产业化的有效路径。本书提出如下研究问题：中国科技成果转化宏观制度层面、中观区域层面和微观组织层面的哪些重要条件影响着中国科技成果转化不同主体的转化绩效？多层次影响条件形成的不同组合路径是否均能引发成果转化高绩效？宏观制度层面、中观区域层面和微观组织层面的条件在现实中是如何协同演进的？

为解决上述问题，本书基于我国科技成果转化政策和成果转化实践现状，借鉴国内外成果转化制度和主体的相关文献和实践经验，基于制度理论、技术转移主体理论和技术转移生态系统理论方法，根植于技术转移多层视角框架设想，构建了包含成果转化宏观层面的制度、中观层面的资源和微观层面的组织背景下的多层次成果转化政策组态框架模型，以探究我国科技成果转化制度环境下的成果转化绩效提升问题，并为政府科技成果转化政策的制定提供参考依据。本书研究内容如下。

（1）本书首先运用文献计量方法和文献精读方法对现有文献进行分析。通过可视化文献分析软件 CiteSpace 和文献计量方法，检索并分析国内外技术转移相关文献，从时空分布、研究主题、知识基础、研究前沿等方面绘制直观的科学知识图谱。中文政策文献主要聚焦于我国科技成果转化政策的特征、国际比较和制度体系建设，佐证了本书的研究对于领域热点可能具有的贡献和意义。有关技术转移多层视角研究的文献数量很少，通过精读方法发现，多层视角正逐渐被引入技术转移研究领域，但是既有成果以理论分析和机制构建为主，实证研究则聚焦于美国和欧洲地区，对于中国科技成果转化实践的多层视角的关注呈匮乏状态。因此，本书构建了包含宏观制度层面、中观区域层面和微观组织层面的多层视角框架，并计划在后续的研究中运用中国的跨区域数据对该框架进行实证检验。

（2）基于文献研究和技术转移多层视角框架，构建以科技成果转移中介机构为立足点，包含政策供给、政策协调、技术来源、机构实力、身份自洽5个前因条件的中介机构成果转化政策多层组态框架，并利用跨区域的160家转移中介机构数据进行实证检验。通过验证性因子分析法（CFA）和模糊集定性比较分析法（fsQCA）可知 3 种典型的成果转化条件组态可以产生高绩效，分别代表中介机构成果转化高绩效实现的不同方式：一是政策供给下中介实力型（主导式），表现为区域政策供给效率高、政策协调程度好，此时只要成果转化中介机构实力强，就能产生高绩效；二是政策协调下技术资源型（沉浸式），以区域政策协调程度高、高校资源强大为特征，即使成果转化机构实力不强，也可产生高绩效成果转化；三是政策协调下身份自洽型（自洽式），以区域政策协调程度高和成果转化中介技术人员身份自洽程度高为特点，此时只要具备一定的政策供给效率，就能产生成果转化高绩效。该部分研究从科技成果转移中介机构的角度验证了前文提出的科技成果转化多层视角框架。

（3）基于文献研究和技术转移多层视角框架，构建以科技企业为立足点的包含政策供给、政策协调、技术来源、企业实力和研发投入 5 个前因条件的科技企业成果转化政策多层组态框架，并利用跨区域的 186 家科技企业数据对其进行实证检验。通过验证性因子分析法和模糊集定性比较分析法可知 3 类典型的成果转化条件组态能够产生高绩效，分别代表科技企业成果转化高绩效实现的不同方式：一是政策供给下企业实力型（主导式），以区域政策供给高效和企业实力强大为特征，即使区域技术资源不足也可产生高绩效；二是政策协调下研发投入型（沉浸式），以区域政策协调高效、企业研发投入密集及区域技术资源丰富或企业实力雄厚为特色；三是政策供给下研发投入型（投资式），主要特点是区域政策协调有限和区域技术资源不足，此时，加大区域政策供给和研发投入是有效措施。该部分研究从科技企业的角度进一步验证了科技成果转化多层视角框架。

（4）以纺织染料制造企业龙盛集团1979～2021年的成果转化实践为例，探讨制造企业在科技政策的演化过程中如何通过有效利用制度、资源和组织等条件促成科技成果转化的实现及其过程机制。研究发现，在我国成果转化政策的"初步规划—结构调整—法制化发展—深层次强化—体制完善"五阶段政策演化过程中，企业在阶段性政策目标驱动下利用成果转化政策—寻求外部技术支持—提升组织条件的方式实现连续成果转化。在科技成果政策演化的不同阶段，企业不断利用阶段性科技成果转化政策提供的支持寻求与高校和科研院所开展技术合作，提升企业规模及人才实力并加大研发投入力度，进而实现连续的科技成果转化。本部分研究验证了科技成果转化主体在制度、资源和组织的多层框架视角下，通过政策条件、技术资源条件和组织条件的不同组态实现科技成果转化的事实，更加直观地展现了"政策供给和政策协调（宏观制度层面）—技术来源（中观区域资源层面）—组织实力和管理者行为（微观组织及管理者层面）—成果转化绩效"框架的合理性。

本书从离散变量的单一视角转向组合条件的多层视角，构建基于多层视角的科技成果转化政策组态模型，综合采用能够分析这种结构的验证性因子分析法和模糊集定性比较分析法，在我国的成果转化实践场景中进行跨区域检验，对于理解和解释我国的科技成果转化主体的转化绩效是极为必要的。以上对于揭示提升我国科技成果转化成效的实现路径具有重要的理论意义与实践意义，为进一步提升中国科技成果产业化率提供思路。

# 目　录

# 第1章 绪　　论

## 1.1　研究背景与意义

### 1.1.1　研究的背景

#### 1. 实践背景

近年来，我国技术合同成交额以年均 15% 的速度增长①，2020 年全国技术合同成交额达 2.8 万亿元②；2021 年全国共登记技术合同 670 506 项，成交金额 37 294.3 亿元，分别比上年增长 22.1% 和 32%，但是根据战略性新兴产业科技成果转化前景分析报告，中国前沿科技成果仅有 10% ~ 30% 被应用于实际生产，其中能真正形成产业的成果只有约 20%，而发达国家的成果转化率为 60% ~ 70%③。虽然国家、地方、科研院所乃至企业试图改变产业面临的"卡脖子"难题，但在半导体领域、互联网领域、机械领域等产业链、技术链环节发展受限的问题仍然没有得到根本解决。

政府出台的科技政策是企业开展科技成果转化的重要推手。我国自

---

　　① 贺德方，周华东，陈涛. 我国科技创新政策体系建设主要进展及对政策方向的思考 [J]. 科研管理，2020，41（300）：83 - 90.

　　② 科技部火炬中心 [DB]：2020 年度全国技术合同交易数。

　　③ 中国科技成果转化率仅 30%，到底难在哪里？[J/OL]. 新浪财经，2022 - 06 - 17. https：//weibo. com/ttarticle/p/show？id =230940478143177909 8866&sudaref = www. baidu. com.

1956年发出"向科学进军"的号召，呼吁大力发展科学技术。1996年10月1日，《中华人民共和国促进科技成果转化法》正式实施，首次以法律形式鼓励高校、研发机构与企业联合实施科技成果转化。在此基础上，2015年新修订《中华人民共和国促进科技成果转化法》，2016年国务院颁布《促进科技成果转移转化行动方案》，进一步破解科技成果使用和处置等政策障碍，明确相关制度和具体措施。近年来，我国还相继出台多项涉及科研经费管理、成果权益、考核评价、转化促进、纪律监督等多方面的政策法规，包括《关于加快培育和发展战略性新兴产业的决定》《关于进一步加大授权力度促进科技成果转化的通知》《中华人民共和国专利法》《关于充分发挥检察职能依法保障和促进科技创新的意见》等。至此，我国的科技成果转化政策形成了较为丰满的体系，技术合同成交额连年增长。但前文提到的科技成果转化率不足的问题仍未得到根本解决。

2. 理论背景

鉴于科技成果转化和产业化在社会经济发展中具有重要的地位和作用，国内外学术界和实践界对成果转移转化给予相当大的关注，对科技成果转化的概念、模式、主体、效应及绩效、评价及指标等做了多层面的研究（Roessner and Bean，1990；Zhao and Reisman，1992；Perkmann et al.，2013；Bozeman，2015；Kirchberger and Pohl，2016；Carayannis，2020；任荆学、吕萍、柳卸林，2013；陈劲、阳镇，2021）。学者们普遍认同科技成果转化是一个复杂的过程，并从宏观制度层面、中观区域和载体层面、微观组织和管理行为层面对有效科技成果转化进行了研究。近年来，为应对快速变化的世界，多层视角（multi-level perspective，MLP）逐渐被引入技术转移研究领域，新的技术转移机制也逐渐受更多学者的关注（Hobbs et al.，2017；Kolb and Wagner，2018），但是基于多层视角，将这些条件（因素）作为不可离散变量进行实证检验仍十分少见。

既有研究对多个层面相关条件的"多层效应"的忽视，使得现有研究成果无法很好地解释、预测和指导成果转化实践（原长弘，2018；Cunningham et al.，2017；黄天航、赵小渝、陈劭锋，2021）。在文化、地理、区域等因素的影响下，成果转化政策的理论适用性因地区而异，考虑到中国复杂的网络体系（杜宝贵、张焕涛，2018）和区域技术资源以及独特的人文背景（Jasanoff，2005；朱玉知，2012），有必要在成果转化政策背景下运用多层视角进行跨区域的实证分析与探讨。

## 1.1.2　研究的意义

### 1. 理论意义

如前文所述，学者已经对成果转化有效性进行了长期深入的探索，但仍然存在研究局限性。本书从单一视角转向多层视角，从检验离散变量转向检验组合条件，构建基于中国成果转化宏观层面的制度、中观层面的资源和微观层面的成果转化政策多层视角组态框架，并利用跨区域数据对其进行实证检验，弥补现有研究存在的理论检验重视单一要素、研究方法偏重离散变量和理论适用性侧重北美和欧洲等局限性，响应学者们对于科技成果转化的最新思考，对于回答中国科技成果转化制度层面、区域层面和组织层面的问题具有重要的理论意义。对于弥补既有研究的不足、丰富中国的科技成果转化（技术转移转化）理论是必要的。具体而言，本书有以下四点贡献。

一是基于多层视角框架，构建从检验离散变量的单一视角转向检验组合条件的多层视角，包含宏观层面的制度要素、中观层面的资源要素和微观层面的组织及管理者行为要素的科技成果转化政策多层视角组态模型。响应学者对于技术转移的多层视角以及非线性的技术转移机制（Bradley et al.，2013；Hobbs et al.，2017）的关注，以及对多层视角的条件或因素进行非离散变量的实证检验的呼吁（Cunningham and O'Reilly，2018）。分别从成果转化中介机构和科技企业立足点出发，运用跨区域数据进行实证检验，进一步响应坎宁安等（Cunningham et al.，2017）关于在技术转化领域开展更多跨区域样本实证研究的呼吁。

二是专注于中国的成果转化主体的转化实践，综合考虑中国特色的条块分割之下复杂的政府网络间的政策体系背景（杜宝贵、张焕涛，2018）和决策背景，开展实证检验。之前的科技成果转化研究专注于欧洲和美国地区（Frondizi et al.，2019），而成果转化的理论适用性却因国家而异（Clarysse et al.，2005），成果转化的多层视角框架在多大程度上适用于我国还有待商榷。本书专注于中国成果转化主体的转化实践，聚焦于不同层级的科技成果政策特点，结合我国成果转化主体活动的运作特点及文化背景（尚智丛、杨萌，2013），对多层视角框架进行细化，为理解和把握中国成果转化主体的实践背景和影响条件提供了理论支持。此外，研究结果强调因果关系在产生成果转化高绩效时的交互性和等价性。

三是基于政策演变视角审视科技型企业龙盛集团的连续成果转化实践，响应学者对于我国科技成果转化政策及过程目标演化的关注（毛世平、杨艳丽、林青宁等，2019）。通过探讨企业在成果转化政策演变不同阶段的表现，利用政策供给—引进技术资源—提升企业实力—加大研发投入和实现成果转化的过程，揭示政策演变视角下科技型制造企业连续实现成果转化的制度、资源和管理者行为多层视角框架过程机制，呼应既有研究关于跨层次结构下制度异质性和演化的过程机制的思考（Micelotta et al.，2017）。在跨区域实证检验的基础上响应学者对于科技成果转化（技术转移）宏观—中观—微观的多层视角和多层面条件集合效应的关注（Cunningham and O'Reilly，2018），呼应对于复杂系统问题研究所强调的需要分析多重轨迹的动态共演化观点（Barley et al.，2018；杜运周等，2021），丰富对成果转化及技术转化的动态集合特点和动态集合规律的认知。

四是通过综合使用验证性因子分析法（confirmatory factor analysis，CFA）和模糊集定性比较分析法（fuzzy-set qualitative comparison analysis，fsQCA）以及跨区域样本，为定性比较分析法和定量研究法的结合提供可行的跨区域实证研究方案，响应既有研究关于在技术转化领域开展更多跨区域样本的定性与定量相结合方法的研究呼吁（Cunningham et al.，2017）。定性比较分析法与定量研究法相结合的研究能够对社会科学中具有组态特征的复杂现象提供更系统的解释（Meuer and Rupietta，2017）。本书在揭示成果转化高绩效路径之前，先一步评估宏观制度环境的效果，扩展定性比较分析法的分析结果。同时，过往研究多数只关注某些条件（因素）对科技成果转化绩效的影响程度，即线性或对称的影响，而本书考虑不同层面关键要素的组合，关注了非线性条件和非对称条件间的关系。

2. 现实意义

传播和转化新技术是经济增长和可持续发展的强大动力，在社会经济发展中具有极其重要的地位和作用，这也是实现创造发明潜在的经济价值和社会价值的关键过程。政府出台的科技政策是加快推动技术转让的重要推手。我国自1996年印发《中华人民共和国促进科技成果转化法》以来，科技成果转化政策形成了较为丰满的体系，技术合同成交额连年增长。然而，相较于发达国家而言，我国总体有效成果转化产业化率仍然不尽如人意，体现在前沿科技成果被应用于实际生产的比例较低，科技成果实际产业化率不高，关键领域的"卡脖子"问题没有得到根本性解决。本书认为只有从多层视角出发，从中国科技成果转化宏观制度层面、中观区域层面和微观组织层面出发，协同制度、区域与组织间科技成果转化的逻辑关系，探讨跨区域实践场景中多个影响条件形成的不同路径如何引发成果转化高绩效，才能找准推动科技成果转化和产业化的有效路径，对于加快实施创新驱动发展战略、提高科技成果产业化成效具有重要的实践意义。

除前述理论贡献，本书的研究结论对成果转化主体的管理也有重要启示。本书研究结果表明，为实现科技成果转化高绩效，区域成果转化系统的管理者（成果转化相关政府部门）需要致力于将区域成果转化系统转变为包含宏观的制度、中观的区域资源和微观的组织管理等不同层面的协同整体，聚焦成果转化政策的优化方向，适配区域技术资源，进而提高区域内科技成果转化主体的转化绩效。

与不同的高绩效转化组合条件相关联，区域成果转化系统的管理需要根据不同的条件组态场景进行调整。本书发现了针对科技成果转化中介机构和科技企业的三种成果转化高绩效组合路径。针对成果转化中介机构主体，三种组合路径如下：第一，主导式组合路径（政策条件下中介实力型），即区域科技成果转化政策供给效率高、政策协调程度好、成果转化中介机构自身实力强；第二，沉浸式组合路径（政策协调下技术资源型），即区域成果转化政策协调程度高、区域高校和科研院所资源丰富；第三，自洽式组合路径（政策协调下身份自洽型），特点是区域政策协调程度高，辅以高效率政策供给。针对科技企业主体，三种组合路径如下：第一，主导式组合路径（政策供给下企业实力型），特点是支持性的政策供给环境和强大的企业实力；第二，沉浸式组合路径（政策协调下研发投入型），代表区域科技成果转化政策协调程度高、企业研发投入密集、企业实力强或区域技术资源丰富；第三，投入式组合路径（政策供给下研发投入型），特点为区域成果转化政策供给效率高、企业研发投入密集和相对劣势的区域技术资源条件组合。从各种组合路径出发对区域成果转化系统决策者和中介机构、科技企业管理者提出提升成果转化绩效的建议。

本书所提出的科技成果转化阶段性政策驱动下的"制度—资源—组织"多层技术转移框架对于科技成果转化系统决策者有一定启示作用。利用"政府政策×对接技术资源×增加研发投入"的创新发展策略为新兴经济体在科技成果转化制度变迁过程中提升科技成果转化绩效提供可借鉴之处。

# 1.2　国内外相关研究背景

## 1.2.1　科技成果转化的相关研究

### 1. 科技成果转化的研究历史

国外研究中的"技术转移""技术转化"或"技术商业化"是与"科技成果转化"相对应的名词。早期对技术转移的研究主要关注其概念与起源。国际学术界部分学者对技术转移的研究始于对技术传播理论的研究。法国社会学家 G. 塔尔德（Gabriel Tarde）在《模仿律》中提出"S 型传播理论"①，认为模拟是重要的传播手段。基于对技术传播的研究，经济学者也加入探讨，如经济史学家戴维·S. 兰德斯（David S. Landes）在《国富国穷》中提到，各国贫富差距主要在于创造发明和使用发明，教育水平及制度的开放和灵活性有关②；经济学家雷思曼等（Reisman et al., 1992）提出，技术转移是社会内部创新的发展和扩散。还有学者认为，对技术转移的研究从 1974 年在第一次联合国贸易发展会议上提出的《联合国国际技术转让行动守则草案》开始。该草案明确定义技术转移的概念，即对于产品制造、生产方法运用或服务提供的系统知识的转移。还有一部分学者认为技术转移概念是由美国从事科学政策与管理研究的著名专家 H. 布鲁

---

① Tarde G. The Laws of Imitation [M]. New York: Henry Holt and Company, 1903.
② 戴维·S. 兰德斯. 国富国穷 – 第 2 版 [M]. 北京：新华出版社，2007：220 – 221.

克斯（Harvey Brooks）提出[①]，他指出，技术转移是科学和技术在人类活动中被传播的过程。较早出现的概念还有：技术转移是一个新技术的发明从开始到创新的过程，其中，创新是该技术的商业应用和开发的过程（Bell，1993）。技术转移或技术转化（technology transfer）也被称为技术商业化（technology commercialization，Kirchberger and Pohl，2016）。技术商业化是获取想法，用互补的知识充实想法，开发和制造可销售的商品，并在市场上销售商品的过程（Mitchell and Singh，1996）。

1996 年《中华人民共和国促进科技成果转化法》指出科技成果转化是为提高生产力水平，通过实地调查、研究取证后引入科学实验研究取得的具有一定学术意义和使用价值的新成果或新成就，并通过转化实现经济价值，即在转换过程中达到规模化生产，提高社会生产力水平。此后，产业界和学术界不少观点阐述了科技成果转化的内涵、性质、过程、主体、立法等问题（朱高峰，1996；巨乃岐，1998；徐鹏航，2005；孙卫等，2006）。

2. 科技成果转化的内涵研究

关于技术转移的内涵研究有许多，可以概括为四种观点。第一种观点是转移观，强调技术在不同主体间的转移，如认为技术转移是将大学、科研机构中的知识、信息与创新推向个人或企业的过程（Park and Zilberman，1993）；是专有技术、技术知识或技术从一个组织到另一个组织的移动（Bozeman，2000）。《世界经济百科全书》将技术转移定义为构成技术的三要素，即人、物和信息的转移。联合国《国际技术转移行动守则》指出，技术转移是系统的知识转移，即知识从产生的地方转移到使用的地方，知识指信息、专利等。

第二种观点是价值观，强调技术转移中技术的经济价值，埃茨科威兹和莱德斯多夫（Etzkowitz and Leydesdorff，2000）指出，技术转移是知识和科技作用于生产，解决实际问题，造福于公众；我国经济贸易委员会原副主任徐鹏航（2005）指出，科技成果转化主要是指科技成果的商品化和产业化；是指对研发过程中的科学技术成果进行进一步的研究、试验和试制，使之转化为可以直接用于生产实践的技术（徐国兴、贾中华，2010）；

---

① Brooks H. The Government of Science [M]. MIT, 1968.

蔡跃洲（2015）通过对高等院校、科研院所等公共研究机构的相关成果进行分析，提出科技成果转化是指将在这两类机构中接受公共资助的项目中具有潜在市场应用价值的科研成果，通过各种形式实现其市场价值和商业收益的相关活动和全部过程。

第三种观点是过程观，强调技术转移的过程性，如指出技术转移是新技术从发明到创新（该技术的商业应用和开发）的过程（Bell，1993）；提出技术商业化是获取想法、用互补的知识充实想法、开发和制造可销售的商品并在市场上销售的过程（Mitchell and Singh，1996）；欧洲科学技术转移职业联盟（Association of European Science and Technology Transfer Professional，ASTP）认为技术转移活动包含识别、记录、评估、保护、市场化技术许可和知识产权等相关活动；朱高峰（1996）将科技成果转化定义为科学技术经过探索、试验、投入生产、进行试制，再经过市场检验，最后形成可售商品并占据市场份额的过程。

第四种观点可称为综合观，如美国大学技术经理人协会（The Association of University Technology Managers，AUTM）提出，技术转移是科研机构向其他机构转移新技术、创新和商业化的权利；技术转移过程包括创新、为创新申请专利以及向产业界提供商业化发展所需的专利使用许可权。拉维等（Ravi et al.，2022）认为，成果转化是将受到知识产权保护的创新转化为可销售产品的过程，其中大学和产业间的成果转化是指与学术研究成果向工业部门转移有关的活动。东北大学技术与社会研究所的远德玉（2005）认为，科技成果转化为生产力的过程不仅是科学形态的转化过程，还是技术形态的转化过程。2007年印发的《国家技术转移示范机构管理办法》将技术转移定义为通过各种途径从技术供给方向技术需求方转移的有关制造某种产品、应用某种工艺或提供某种服务的系统知识的过程。

不同于基尔伯格和波尔（Kirchberger and Pohl，2016）的观点，部分学者认为科技成果转化和技术转移是不同的概念。如徐国兴和贾中华（2010）从科技成果和技术转移所涉及的利益主体的关系角度对技术形态的影响程度等方面进行对比，认为技术转移和科技成果转化最本质的区别在于"移"和"化"。杨善林等（2013）认为技术转移和科技成果转化在主客体所涉及的范围、市场化程度、时间轴和空间轴上的运动轨迹等方面各有不同。

本书采纳基尔伯格和波尔（2016）等的观点，认为虽然技术转移转化和技术商业化的含义略有不同，但在实践中这些术语通常用于描述相同的过程，因此本书中科技成果转化、技术转移和技术商业化几个概念交替出现，代表相同的含义。

### 3. 技术转移的模式研究

早在1968年，H. 布鲁克斯（H·Brooks）就曾把技术转移分为垂直技术转移和水平技术转移两类，认为垂直技术转移是指将新的科学知识转化成可利用的技术，并产生新的产品或工艺的过程。1980年，美国通过《拜杜法案》（*Bayh-Dole Act*），允许美国各高校、创业企业等机构为科研成果申请专利，获得知识产权，并通过转让技术促成技术商业化。此后，对技术转移模式的研究逐渐兴起。最具影响力的是埃茨科威兹和莱德斯多夫（Etzkowitz and Leydesdorff，1995）提出的三螺旋结构，其认为在技术转移的过程中，政府、企业和高校以共同利益为合作起点进行三方联动。此外还针对美国国家能源实验室开展研究，提出了被动型、主动型、创业型和国家竞争型四种技术转移模式（Shama，1992）；按照技术来源渠道将技术转移分为对发达国家的技术引进和国内市场的技术购买（Jefferson et al.，2005）；在对81个美国的大学科技园进行研究的基础上，提出大学科技园是知识溢出的主要载体，是大学技术转移的主要模式（Link and Scott，2006）；从知识流动的视角出发，将技术转移划分为官方机制（如技术专利、技术许可、技术合同）和非官方机制（如企业家和学者之间的个体交往）。

2000年后，国内学者也开展不少针对科技成果转化模式的研究。例如，何婷婷等（2005）将科技成果转化模式分为刚性转化和柔性转化两大类。李孔岳（2006）通过对比德国、美国、日本、英国等国家的技术转移模式提出借鉴策略。彭绪梅（2008）将技术转移分为商业化转移和非商业化转移，其中，商业化转移主要包括技术许可、技术咨询、技术合作及衍生企业等形式，非商业化转移则包括发表论文、著作、召开交流会议等形式。朱宁宁、王溦溦（2011）将我国典型的科技成果转化模式划分为产学研转化模式、市场转化模式、自主转化模式以及政府推广转化模式和科技创新转化模式。楚尔鸣等（2019）将技术转移分为市场化技术转移和政府主导的技术转移，认为技术转移实现的是技术要素整体的转移。胡振亚（2012）依据对科技成果转化实施主体的分类（成果所有者、成果使用者、中介转化者、推广转化者），将科技成果转化模式划分为自主直接转化模式、市场间接转化模式、推广转化模式和联合转化模式。

4. 科技成果转化政策的研究历史

技术转移政策的出现可以追溯到 1945 年，时任美国国家科学研究与开发办公室主任的万尼瓦尔·布什（Vannevar Bush）发表了著名的报告《科学：无止境的领域》（*Science, The Endless Frontier*），呼吁政府以增加产业发展所需的核心知识积累为目的，为开发和应用科学提供持续大量的资金支持，促进美国经济的发展。这份报告使得美国政府大幅度增长其研究资助资金，对美国和其他国家的科技政策都产生了深远影响。1980 年，《拜杜法案》再次对促进科技成果转化（技术转移转化）起到重大作用，对于大学研究人员和相关技术的商业化产生深刻的管理和政策影响（Siegel et al.，2007；Grimaldi et al.，2011；黄传慧等，2011）。《拜杜法案》的最初出发点是回应气候变化，其主要目标是激励大学技术商业化。具体来说，这项立法在美国联邦机构之间建立统一的专利政策，并取消许多对许可的限制。同时，该法案允许大学拥有国家研究拨款产生的专利，接受国家研究拨款的研究人员须向技术许可办公室披露他们的发明，而联邦政府保留对该成果的优先使用权（Berman，2008；Mowery et al.，2005）。此后，一些欧洲国家和亚洲国家相继通过类似的立法（Wright et al.，2008；Kodama，2008），如欧盟颁布促进公私研究互动的战略政策、欧洲国家引入基于外部环境结构性变化的政策等，以鼓励大学在技术转让中发挥更积极的作用。

《拜杜法案》以及类似的大学技术转让立法的颁布，导致欧美几乎所有主要的研究型大学都建立了技术转让办公室（TTO），并越来越重视学术专利和成果许可，如 20 世纪 80 年代，瑞典政府开始推动大学技术商业化、意大利中央政府向大学进行权力转移；20 世纪 90 年代，英国和荷兰引入学术体系改革（Baldini et al.，2006）；丹麦、德国、奥地利和挪威及其他国家进行了类似的知识产权法改革（So et al.，2008）。这些制度改革不仅促进技术转让办公室的数量大幅增加，还促使大学制定自己的内部具体规定并实施支持学术创业的机制。同时，其他一些国家层面或次国家层面的措施也辅助出台，包括促进产学研合作的具体举措，如美国国家科学基金会建立工程研究中心和产学研合作研究中心，引进科学园区、专门的风险投资计划等组织。但总体而言，各国大学学术创业能力的形成和发展受到大学所在国家的法律框架和制度特征的影响，区域和地方给予大学的支持和激励也很重要（Grimaldi et al.，2011）。

在我国改革开放之后，党和国家开始摸索和探索科技成果转化之路，试探性地允许科技人员兼职，支持科技人员兴办民营科技企业；促使改革应用开发类国家科研机构走向市场；开始试行技术有偿转让，探索推动技术市场发展。1987 年 6 月 23 日，第六届全国人民代表大会常务委员会第二十一次会议审议通过了《中华人民共和国技术合同法》。1996 年 10 月 1 日，《中华人民共和国促进科技成果转化法》正式实施，该法规首次通过法律规范的形式确定了鼓励科技成果转化的相关主体（高校、研发机构与企业）联合实施和开展科技成果转化。为进一步破解科技成果在使用和处置等方面的制度障碍，细化和明确相关政策和具体措施，2016 年重新修订《中华人民共和国促进科技成果转化法》。近年来，又有多项涉及成果权益、专利保护、转化促进、科研经费管理、纪律监督和考核评价等多方面的政策法规陆续出台，例如，《中华人民共和国专利法》《关于进一步加大授权力度促进科技成果转化的通知》《关于充分发挥检察职能依法保障和促进科技创新的意见》等。

我国学者认为，科技成果转化政策由科技政策演化而来（刘凤朝、孙玉涛，2007），是国家公共政策的一部分，是激励科技成果有效转化的工具和手段（张剑等，2016）。科技成果转化政策的演进过程就是政府推动社会、企业和其他主体实施科技成果转化的过程。科技成果转化参与主体对于相关政策的需求与政府对于科技成果转化政策的供给动力相互作用，推动着社会科技创新能力不断提升。

## 1.2.2　科技成果转化的研究视角

技术转让的宏观视角有着悠久的研究历史，源自经济学、管理学、公共政策、战略管理和企业家精神等一系列不同学科，为该领域奠定深厚的实践基础和理论基础（Autio and Laamanen，1995；Bozeman，2000）。近年来，在丰富的宏观研究基础上，学者们逐渐开始关注中观视角和微观视角（Cunningham and O'Reilly，2018）。通过对既有研究的梳理，本书按照研究发展的脉络将科技成果转化的研究视角概括为单一视角—整合视角—多层视角。

1. 单一视角

根据文献梳理，科技成果转化主要有制度、过程、战略、资源、主体等单一条件研究视角。早在 1992 年，雷思曼等学者就曾基于文献研究提出技术转移相关研究可以被概括为三个视角，即过程视角（Teese，1976；Lake，1979；Chiesa and Manzini，1996）、战略视角（Lambe and Spekman，1997；Kingsley and Klein，1998）和联盟视角（Mowery et al.，1996；Kingsley and Klein，1998）。在最新的文章中，基尔伯格和波尔（2016）将技术转移转化相关研究视角概括为组织视角、资源视角和制度视角（Friar et al.，1997；Djokovic and Souitaris，2008；Bozeman et al.，2015；Perkmann et al.，2013）。

一些学者从科技成果转化的单一主体（立足点）视角出发开展研究，例如以大学为立足点，研究大学—产业间技术转移（Rothaermel et al.，2007；Perkmann et al.，2013；阳镇等，2021）；以技术转移中介机构/组织为立足点，强调中介机构的重要作用（Howell，2006；Albors et al.，2005；Battistella et al.，2016）；以科技创新企业为立足点，探讨不同类型科技创新企业特征对技术转移创新的影响（Feldman and Audretsch，1999；Glaeser et al.，2002；Huang et al.，2013）。

2. 整合视角

整合视角指综合考虑多个不同主体对于科技成果转化的作用，如产、学、研三螺旋框架（Etzkowitz and Leydesdorff，2000；Gunasekara，2006；柳岸，2011）、加入社会创新和公众价值维度的四螺旋框架（RIS，2014；Carayannis and Campbell，2009；Leydesdorff，2011）和加入环境要素的五螺旋框架（Carayannis，2012；Bozeman et al.，2015），以及创新创业整合视角，即认为技术转移发生在包含大学、政府、产业、社会和环境的生态系统中，其中包括广泛的相互关联的参与者（Carayannis et al.，2018；Good et al.，2019；吕建秋、王宏起、王雪原，2017；李彦昭、张旭、郭菊娥，2021）。整合视角聚焦于科技成果转化的多行为主体的相关关系和互动。

2000 年之后，非线性的技术转移机制受到不少关注（Bradley et al.，2013）。非线性科技成果转化机制主要强调以下四个方面：（1）大学 – 产业 – 政府行动者之间的相互关系（Etzkowitz and Leydesdorff，2000）；（2）"多元大学"方法，即大学的许多子单位和项目可以以不同的方式与公司互动（Kerr，2001）；（3）开放式创新（Chesbrough，2003），即大学可以获得和分配未使用过的知识产权；（4）通过制订标准和共享隐性知识将知识转移扩展到合作者的开源方法（如知识共享协议）。

3. 多层视角

近年来，技术转移转化的研究重点进一步发生变化，新的企业和新的技术转移转化机制受到更多的关注（Feldman et al.，2002；Kolb and Wagner，2018），多层视角就是其中之一（Zhang，2016）。坎宁安和奥莱理（Cunningham and O'Reilly，2018）指出，科技成果转化在事实上是一个多主体、多维度、多层次地随着时间推移相互作用的复杂过程，宏观的制度层面、中观的区域层面和微观的主体层面的条件都对成果转化成效具有重要影响，因此提出技术转移的宏观—中观—微观（macro，meso and micro level perspectives）多层视角框架设想。

已经有一些多层视角的相关研究，如博兹曼等（Bozeman et al.，2013）曾开发一个综合考虑合作者属性、协作过程和组织制度特征的多层面分析框架，分析大学创业中研究合作的效率提升问题。霍布斯等（Hobbs et al.，2017）利用多层视角研究科技园区的科技成果转化。有学者（Sala and Sobrero，2021）采用多层次的纵向个案研究方法，分析大学的制度角色及其对社会的贡献，强调对微观组织层面的规范落实、中观沟通层面的主体角色管理和宏观层面的制度逻辑演化这三个层面条件的动态相关性的联合分析。黄天航、赵小渝、陈劲锋（2021）使用多层视角方法，从宏观的社会技术景观层、中观的社会技术机制层和微观的社会技术利基创新层出发对德国鲁尔传统工业区转型案例进行分析。

越来越多的人开始关注技术转让的中观层面和微观层面，例如关注个体行为者的作用，如科学家、主要研究者、决策者、技术转让办公室、中介支持机构等。但现有多层视角研究多以理论推演和机制构建为主。坎宁安和奥莱理（Cunningham and O'Reilly，2018）提出应进一步理解技术转让的宏观、中观和微观视角，并针对技术转让活动如何在不同的地理和组织环境中形成和发展开展进一步研究。

## 1.2.3　科技成果转化绩效提升相关研究

科技成果转化是一个非常复杂的过程，其成功取决于许多不同的因素。本书将科技成果转化的绩效提升研究概括为宏观政策角度、中观区域角度和微观主体角度三个视角。

### 1. 宏观政策角度

政策与制度被认为是影响科技成果转化绩效的关键要素。不少研究描述政府支持机制，并评价了政府技术转移政策的有效性（Haufler et al.，2011）。推动技术转移的政策研究主要集中在激励措施、制度安排等方面。在美国，政府很早就制定政策促进技术转移，例如出台相关法案促进大学、国家实验室和公共研究机构将技术成果向企业转移（贺艳等，2014）。此外，灵活的知识产权、专利和许可政策、奖励政策、公共政策和资金（Cunningham et al.，2014；Bozeman et al.，2015），宏观的激励和补贴机制（Siegel et al.，2004），刺激金融市场发展的政策等（Van Looy et al.，2003）都是影响技术转移的重要因素，能促进科技成果转化绩效。有学者提出，政策制定者应设计适当的技术转让政策，以便对转让绩效产生有益影响（Lehmann and Menter，2018）。

国内研究中，郭强等（2012）指出政策与制度促进在科技成果转化方面有不可替代的作用。陈涛和李颖（2017）认为，奖励政策机制的不足会导致高校科研工作者不仅在观念意识上不重视科技成果转化，在行动上也不被充分地激励。卢章平和王晓晶（2013）、葛章志和宋伟（2015）等学者则进一步探索政策工具类型对科技成果转化产生的影响，认为供给型政策工具和需求型政策工具对科技成果转化起直接推动作用，环境型政策工具起间接影响作用。

实证研究方面，国外宏观制度层面的技术转移实证研究有不少聚焦于美国1980年的《拜杜法案》，评估美国立法在塑造和推动大学向企业进行技术转移的影响（Mowery et al.，2005；Grimaldi et al.，2011）。还有一些研究实证调查美国和其他欧洲国家技术转移政策的影响（Adams and Link，

2017；Haeussler and Colyvas，2011）。国内学者如罗茜等（2018）运用 DEA 指数评价模型进行测度分析，认为国家政策因素应包括科技投入、学科评价与配套政策 3 个方面，提出只有构建全面配套的政策体系，科技政策才会真正发挥作用，驱动科技成果转化。中国科技成果管理研究会（2019）以上海理工大学为例，指出应依据当地政策灵活选择转化路径，以解决科技成果转化方法的选择问题。张京萍和窦清红（2002）认为国家应适时调整政策，把较为成熟的科技企业的产品和技术推向国际市场，参与国际市场竞争，增强其活力，而不具生命力的产品和技术应及时被淘汰。刘群彦（2020）采用验证性因子分析和结构方程模型检验产权激励、政策感知、政策认知与科研人员成果转化行为之间的关系，发现产权激励对科研人员的成果转化行为具有显著的正向促进作用，政策感知在其中起中介作用。

2. 中观区域/资源角度

中观层面的科技成果转化研究多关注区域大学资源、产业背景、技术资源以及成果转化载体。既有研究表明，科技型大学的存在对于区域内企业和区域外企业的业绩、增长速度和年龄没有明显影响，但是，位于具有技术背景的大学附近的企业的专利活动略多（Audretsch and Lehmann，2005）。大学研究学科的设置也会影响其与周边企业的互动效率以及学术人员在技术转让中的参与程度（Arvanitis et al.，2008），例如设置生命科学、化学或计算机科学学科的大学更有可能产生衍生企业（O'shea et al.，2005）。另外，基尔伯格和波尔（2016）提出产业紧密性概念，即企业与技术开发人员在地理、文化或网络上的接近度会影响技术商业化，具体条件包括区域特征、大学研究学科和产业定位等。此外，技术商业化项目的资源可用性，如资金、风险资本、合适的人员、支持机构亦影响技术商业化的结果。然而，现有中观区域层面的实证研究主要集中在对美国的探索上（如硅谷）。对经济、社会和技术禀赋存在差异的其他地区，以及这些差异如何影响区域科技成果转化和在中观层面如何协调这些差异的关注较少（Cunningham et al.，2017）。

作为科技成果转化的实际内容，技术的特点对技术转移的影响很早就受到学者们的关注。技术可获得性和技术变异性可用于衡量技术特性，并对技术转移产生影响（Kohle，1973），技术的具体化程度也影响技术转移

（Sagafi et al.，1981；Simior and Gibson，1991），技术精巧度和技术成熟度（Tsang，1995）对于目标市场的适合程度（Slater and Mohr，2006）也会对技术商业化绩效产生影响。国内研究中，朱宁宁、王微微（2011）认为技术可得性、技术排他性与周期性等相关因素对技术转移绩效存在影响。李文波（2003）以日本科学技术振兴事业团为案例进行研究，指出技术转移不同阶段、技术成果的质量会对技术转移产生影响。

成果转化载体也是中观层面学者关注较多的领域，如孵化器、加速器、毕业生创业等受到越来越多的关注（Birch et al.，2017；Wright et al.，2017）。国内研究中，王康、李逸飞、李静等（2019）基于2007~2015年中关村海淀科技园企业数据实证研究孵化器对企业创新的影响及其内在机制，发现孵化器具有促进企业创新的长效机制，但孵化期限并非越长越好。蒋建勋、唐宇晨和王宏伟（2022）运用固定效应模型，基于2008~2020年113所高校和大学科技园的数据，实证检验大学科技园在孵企业的盈利能力和人力资源对大学成果转化绩效的影响机制，发现这两个条件促进了大学科技成果转化，并对有经济、专业和办学层次异质性的大学存在异质性影响。

实证研究方面，邓小朱和陈梦成（2016）运用包含技术创新系统、制度创新系统和企业应用系统的复合系统协同度模型实证测度了江西省科技成果制度与企业成果转化应用的协同度，认为科技成果转化政策与企业应用之间存在因果关系。刘家树和菅利荣（2011）运用主成分方法，通过省际面板数据探索科技成果转化的绩效影响因素，测度地区成果转化绩效，发现科技集聚、研发人员投入、教育环境等对转化绩效具有显著影响，但制度因素对转化绩效影响不显著。

3. 微观主体角度

大学和科研院所被认为是科技成果转化的技术资源主体。大学作为知识创造和利用的中心会受到成果技术转让政策和制度的影响（O'Kane et al.，2015）。大学研发人员的技能、能力、意愿以及所处的环境会影响技术转移活动的开展，是影响大学技术转移的主要因素（Rogers，2001；Kate and Fred，2009）。

国内研究中，赵哲（2016）提出科技成果转化的运作模式以及管理体制和运行机制影响着高校科技成果转化。于志军等（2017）指出高校应与企业建立联系，以便更清晰地了解市场需求方向，为高校提供更多创新资源以开发技术或专利，从而促进成果转化绩效。汪小梅等（2016）指出科研院所的人才投入、资金投入影响着其科技成果转化成效。

科技服务中介机构是科技成果转化的媒介，承担着承上启下的功能。科斯（Coase，1988）用交易成本理论解释中介机构存在的必要性，认为在市场经济日益发达的情况下，生产成本大幅度降低，但是交易成本逐步增加，中介机构的存在能降低交易成本，使得交易和经营活动可以顺利进行。豪厄尔斯（Howells，2006）指出，科技中介机构发挥沟通联结、咨询服务、协调重组、孵化等功能，为企业提供法律、资本市场、技术、信息等多方面的帮助与支持。国内研究中，刘庆（2010）指出影响科技成果转化效率的因素中，技术中介环节的不健全是一个重要方面，应明确科技中介在科技成果转化中的角色和定位，更好地发挥科技中介的功能。郭强等（2012）指出科技中介服务能力会影响高校技术转移的能力。刘周成等（2014）指出科技中介的人才资源会影响科技成果转化的时效和质量。李玲娟等（2014）认为技术转移方提供的技术与需求方所需的技术存在匹配性的问题，是制约成果转化的重要因素。秦洁和王亚（2015）认为中介机构应建立中间转化渠道，加速将科技成果转移到生产环境中，同时为企业自主创新提供支撑服务。

科技成果转化的另一个主体是企业，企业通常是科技成果转化中的技术接收方。企业的行为和相关特征被认为会对科技成果转化绩效具有关键影响。企业具备的专业知识能赋予其接收和利用知识的能力，进而影响成果转化绩效（Cohen and Levinthal，1990；郭强等，2012）。企业参与技术转化的模式也会对成果转化绩效产生影响，例如积极参与联合研发项目、技术咨询、合同研究或技术购买等产学研合作能刺激技术衍生现象的产生（Motohashi，2005）。创业型企业在行业中具有的知识转移能力对其将技术转移给潜在客户的可能性具有正向影响（Ceccagnoli and Hick，2013）。技术的潜在客户具有较高的吸收能力，也有助于技术的商业化（George et al.，2002）。国内研究中，李文波（2003）指出我国企业的技术能力和相关人员的技术转移经验是影响我国技术转移绩效的重要因素。王雪梅等（2008）基于案例研究指出企业和高校间的技术鸿沟、人才鸿沟是阻碍我国科技成果转化的深层原因。肖仁桥等（2015）从价值链角度出发，利用

Tobit 模型检验效率的影响因素，得出企业规模对科技成果转化效率和整体效率具有显著正向影响。

微观主体层面的实证研究较多关注技术提供方大学（高校）。大学的技术转移和知识产权活动是研究较为聚焦的领域。例如，学者对 108 所大学进行研究后发现，大学技术转让办公室的起源年份和投入研发资金的数量与大学许可证数量正相关（Powers，2003）。对西班牙 52 所大学进行研究后发现，大学技术转让办公室的规模与更高的研发收入、衍生产品和许可活动相关，但与许可收入无关（Caldera and Debande，2010）。尹西明、王毅、陈劲（2017）基于 2008～2012 年我国高校专利许可数据，利用社会网络分析法对全国范围内高校专利许可的时空分布和知识转移进行了研究，发现省内许可是主流，跨省许可关系较为脆弱，存在小世界效应；专利许可时空分布不均衡。沈慧君、徐戈和黄灿（2019）基于我国高校与企业间的专利许可数据研究技术成熟度、校企间地理距离和校企合作经验如何影响高校采取排他性许可的倾向。实证结果表明，技术成熟度越低，校企合作经验越少，高校采用排他性许可的倾向越高；随着地理距离增加、技术成熟度减少，高校进行排他性许可倾向的关系会被削弱。

其他微观层面的研究则关注了更为广泛的主题，例如技术转让的文化差异（Lin and Berg，2001）、技术商业化的战略选择（Gans and Stern，2003）、研发合作的动机（D'este and Perkmann，2011）、与大学合作的障碍（Cunningham et al.，2014）和技术转让过程的个体参与者的经验和专业知识（Miller et al.，2017）等。国内学者如孙彦明和赵树宽（2019）对 10 余个省市进行问卷调查，通过项目样本数据，对成果产业化的影响因子进行实证研究，发现知识因素、管理因素、主体因素和环境因素对科技成果产业化绩效具有正向影响。林青宁和毛世平（2022）基于 2009～2017 年的数据，实证检验了技术引进对涉农企业科技成果转化效率的正向影响。

综上，对现有研究进行梳理可知，国内外研究学者对科技成果转化的研究主要关注概念与模式研究、参与主体研究、效应及绩效研究、评价及指标研究等多个方面，但总体而言研究视角比较零散。普遍认同的观点是科技成果转化是一个多主体的复杂的过程，不能仅从单一条件或因素出发进行研究。

本书将科技成果转化绩效相关前因条件（要素）的研究归纳为宏观政策、中观区域以及微观主体三个层面不同的前因条件（要素），见表 1－1。

表 1-1 科技成果转化绩效相关前因条件

| 研究层面 | 前因条件 | 条件描述 | 相关学者 |
|---|---|---|---|
| 宏观政策层面 | 针对大学的政策 | 大学的创业导向、技术商业化机构的发展 | Shane, 2004；Grimaldi, 2011；Wong, 2007；Bozeman et al., 2015；Lehmann and Menter, 2018；Siegel et al., 2004；陈涛、李颖, 2017；吕建秋、王宏起、王珊珊, 2019；贺艳、许云, 2014 |
| | 知识产权相关政策 | 技术开发者通过专利保护研究的可能性 | Colyvas et al., 2002；Shane, 2004；Li et al., 2008；Bozeman et al., 2015；罗茜、高蓉蓉、曹丽娜, 2018；王永杰、张善从, 2018；卢章平、王晓晶, 2013 |
| 中观区域层面 | 区域产业接近度 | 技术区域特征、转移双方在地理、文化或网络上的接近度 | Audretsch and Lehmann, 2005；Arvanitis et al., 2008；Azagra Caro, 2007；O'shea et al., 2005；Kirchberger and Pohl, 2016；刘家树、菅利荣, 2011；吕建秋、王宏起、王雪原, 2017；李彦昭、张旭、郭菊娥, 2021 |
| | 技术特征 | 技术的质量、范围、开拓性、成熟度、是否适合商业化、潜在可识别价值 | Galbraith et al., 1991；Tsang, 1995；Slater and Mohr, 2006；Thursby, 2003；Arvanitis et al., 2008；朱宁宁、王溦溦, 2011；尹西明、王毅、陈劲, 2017；沈慧君、徐戈、黄灿, 2019 |
| 微观主体层面 | 研究人员的个人特征 | 承担风险的能力、人际关系、能接受促进技术转化的行动 | Galbraith et al., 1991；Lin and Berg, 2001；Rogers, 2001；Arvanitis et al., 2008；Colyvas et al., 2002；Siegel et al., 2003；Miller et al., 2017 |
| | 转化团队 | 技术转化团队的规模、完整性、专业背景及多样化 | Caldera and Debande, 2010；Powers, 2003；Ambos et al., 2008；李文波, 2003；赵晶、李林鹏、祝丽敏, 2020 |
| | 技术转移战略 | 技术选择机制和技术转移模式 | Gans and Stern, 2003；Motohashi, 2005；D'este and Perkmann, 2011；于志军等, 2017；阳镇等, 2021；陈劲、阳镇, 2021 |
| | 管理行为 | 规模、吸收能力、转移能力、项目管理、知识管理、研发投入等 | Galbraith et al., 1991；Ceccagnoli and Hicks, 2013；George et al., 2002；郭强等, 2012；王雪梅、雷家骕、邓艳, 2008；李培楠、赵兰香、万劲波等, 2019 |

资料来源：根据现有文献梳理所得。

综上，科技成果转化的研究早期主要关注其内涵、性质、过程、模式、主体和制度等层面。虽然人们对科技成果转化的内涵持有不同的观点，但这些观点可以概括为转移观、价值观、过程观和综合观四大类，其共同之处在于强调科技成果转化（技术转移）是一个动态的价值过程，由此引起对科技成果转化过程及模式的研究。《拜杜法案》提出构建良好的服务体系和之后三螺旋模式理论的提出，引起了业界和学者对科技成果转化微观主体的关注，展开了针对政府、大学、科研院所、技术转移中介组织和企业等主体的研究。近期的研究更多侧重于采用实证研究的方式对科技成果转化绩效及效应的研究以及对于科技成果转化绩效评价和评价指标的研究。总体而言，科技成果转化研究已经从早期的宏观视角逐步转向中观视角和微观视角，呈现出从单一视角—整合视角—多层视角的发展脉络。

## 1.2.4　研究述评

通过大量国内外相关文献的梳理，本书发现这一研究领域目前还存在匮乏及亟待加强和解决的地方，主要有以下三点。

（1）忽视了从多层视角讨论和检验有效科技成果转化的政策条件。现有成果转化的实证研究从单一视角讨论和检测了许多驱动有效成果转化的因素或视角，其中主要包括实现有效转移转化的宏观政策制度条件要素（Ergas，1987；Link，2010；张胜等，2020），区域技术基础设施如大学、科研院所等技术资源条件要素（Etzkowitz and Leydesdorff，2000）和微观组织管理条件要素（Damanpour and Evan，1984）等。实践中，宏观的政策制度条件、中观的区域经济、社会和技术禀赋条件以及成果转化主体的微观内部条件以及它们彼此间的动态关系的集合，共同推动着科技成果转化实现（Cunningham and O'Reilly，2018）。通过文献梳理发现，虽然多层视角已经逐渐被引入技术转移研究，受到越来越多的学者们的关注，但是基于多层视角或条件（因素）进行实证检验的研究仍十分少见。因此，需从多层视角出发，将现有文献中关注到的单一视角或条件（因素）组合在一起进行探究。

（2）忽视了中国特殊的制度网络体系和成果转化实践背景对于科技成果转化绩效的影响。受文化、地理、区域等因素影响，科技成果转化政策安排的理论适用性因地区而异（Jefferson et al.，2017），考察中观层面的研究主要集中在对美国地区的探索。而中国区域差异明显的技术资源以及科学背景，使我国科技成果转化与西方国家的技术转移转化有着底层逻辑和运行规律的差异。而既有研究对中国背景下的科技成果转化多层视角并没有过多关注，因此需开展中国科技成果转化实践场景中的多层视角探讨和检验。

（3）忽视了对非线性技术转移机制的实证检验。2000 年之后，非线性技术转移机制逐渐受更多学者的关注（Bradley et al.，2013）。科技成果转化是一个多主体、多维度、多层次的随时间推移而相互作用的复杂过程（Cunningham and O'Reilly，2018），线性分析方法会导致对多个相关因素的"多层效应"的忽视，使得现有可离散分析方法发现的相关关系无法很好地解释、预测和指导实际的科技成果转化实践。通过文献梳理，本书发现既有实证研究成果的主要分析方法仍然建立在线性模型的基础上，即假设各预测因子的整体影响是可离散的，并且预测因子之间的相互作用可以加以控制（Hobbs et al.，2017）。因此，需研究在中国的宏观制度安排、中观区域资源和微观主体管理实践情境下不同层面理论视角之间的协同与整合以及不同条件（要素）间的组合关系。

综上，本书提出如下研究问题：中国科技成果转化宏观制度层面、中观区域层面和微观组织层面的哪些重要条件影响着中国科技成果转化不同主体的转化绩效？多层次影响条件形成的不同组合路径是否均能引发成果转化高绩效？宏观制度层面、中观区域层面和微观组织层面的条件在现实中是如何协同演进的？

## 1.3　研究内容与研究思路

本书通过梳理科技成果转化政策、科技成果转化绩效提升、科技成果转化多层视角研究等相关领域的最新研究成果，响应技术转移多层视角框架，通过对中国跨区域数据的实证分析和案例分析，系统分析和探讨中国成果转化宏观制度层面、中观区域资源层面、微观组织层面等条件和成果转化绩效的关系，提出本书的理论与管理实践贡献，具体研究框架如下。

第 1 章为绪论，简要介绍研究背景、研究意义，从科技成果转化的相关研究、科技成果转化的研究视角、科技成果转化绩效提升相关研究等方面梳理现有研究的不足，提出研究问题，明确研究的目的和意义，同时提出本书的主要内容和研究思路，对研究方法和创新点进行阐述。

第 2 章首先介绍现有文献中科技成果转化研究的主要相关理论，即制度理论、技术转移主体理论以及技术转移生态系统理论，然后通过文献计量，围绕本书的研究内容对核心概念进行总体分析，从而对本书在科技成果转化研究领域的所属范畴进行区分，为后续的理论分析和实证研究假设提出提供相应的理论背景支撑。

第 3 章概述科技成果转化的概念、研究视角、科技成果转化政策的内涵及分类、我国科技成果转化政策的发展演变历程，从政策工具、政策层级、政策特征等角度剖析科技成果转化政策驱动成果转化绩效的机理，阐述科技成果转化政策和科技成果转化绩效的测度，最后基于多层视角框架设想构建科技成果转化政策多层视角框架组态模型。

第 4 章基于第 3 章构建的科技成果转化多层视角框架模型，构建中国成果转化宏观层面的制度、中观层面的资源和微观层面的组织背景下包含政策供给、政策协调、技术来源、中介机构实力和技术人员身份自洽 5 个前因条件的成果转化政策多层视角框架，使用湖北、广东、上海、浙江四个地区 160 家技术转移中介机构数据，对其进行实证检验。通过验证性因子分析法和模糊集定性比较分析法发现有三类典型的成果转化组合路径能够促进科技成果转化中介机构高绩效的产生。基于转化中介机构立足点验证第 3 章提出的科技成果转化政策多层视角框架组态模型。

第 5 章基于第 3 章的科技成果转化多层视角框架模型，构建了基于中国成果转化宏观层面的制度、中观层面的资源和微观层面的组织背景下包含政策供给、政策协调、技术来源、企业实力和研发投入 5 个前因条件的成果转化多层视角框架，并利用跨区域的 186 家科技企业数据对其进行实证检验。通过验证性因子分析法和模糊集定性比较分析法发现有三类典型的成果转化组合路径能够促进科技企业成果转化高绩效的产生。基于科技企业立足点进一步验证第 3 章提出的科技成果转化政策多层视角框架组态模型。

第 6 章选取连续实现成果转化的制造企业为研究对象，通过单案例研究探索作为科技成果转化主体的企业在科技成果转化政策的长期演化背景下基于科技成果转化多层视角框架实现连续科技成果转化的组态路径。案例企业在不同发展阶段的政策利用、技术资源、企业实力和研发投入关系直观地解释了本书提出的理论模型。

第 7 章总结归纳了研究结论，以期为政府提升科技成果转化绩效提供参考建议，为科技成果转化组织提升科技成果转化绩效提供实践指导。同时提出本书的局限，并对未来可开展的研究进行展望。

本书的研究思路如图 1-1 所示。

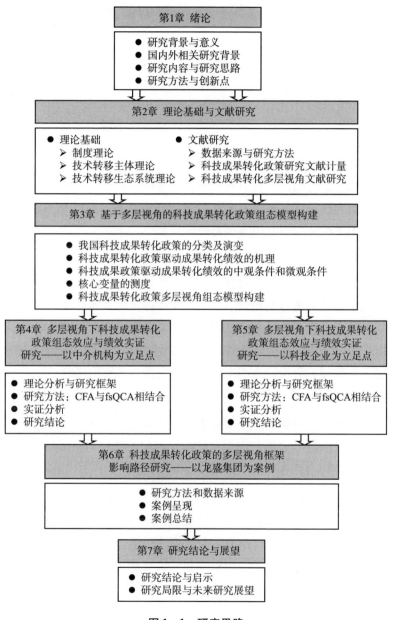

图 1-1 研究思路

# 1.4　研究方法与创新点

## 1.4.1　研究方法

### 1. 文献研究法

通过对国内外科技成果转化（技术转移）政策、主体、实证研究、成果转化管理文献的阅读，对研究成果进行鉴别、分类和总结，了解研究动态，把握研究热点，掌握研究方法，提出研究课题，并运用有针对性的、科学有效的方法建立研究模型展开研究。

### 2. 案例研究法

通过实地调研与访谈，对浙江龙盛集团等成果转化企业以及贝壳社等成果转化中介机构进行案例调研，了解我国科技成果转化中介以及科技企业的成果转化实践现状及其主要影响因素，重点了解成果转化政策演化发展和资源条件、组织和管理条件对成果转化绩效的影响，将所获得的数据和信息进行整理、分析，为本书建立的模型提供现实依据。

### 3. 问卷调研法

在案例研究的基础上，根据所建立的研究模型设计量表问卷，并通过与调研地区（浙江、上海、湖北和广东）的相关部门和园区开发商获得联系，发放调研问卷并进行数据分析以展开研究。

### 4. 实证分析法

本书通过综合使用验证性因子分析法和模糊集定性比较分析法以及跨区域样本，为定性比较分析法和定量研究法的结合提供一种可行的非线性跨区域研究方案，实证检验前因条件和结果变量之间的条件组态效应。

## 1.4.2　研究创新点

本书可能存在的创新点包括以下四点。

（1）从科技成果转化政策多层视角出发，考虑包含宏观制度、中观区域和微观组织层面的科技成果转化高绩效的不同条件组合方式与路径。

通过技术转移多层视角框架，从宏观层面的制度要素（政策供给、政策协调）、中观层面的资源条件（技术来源）和微观层面的组织条件（中介机构/企业实力）以及管理者行为条件（身份自洽/研发投入）的相互影响形成的组态对科技成果转化成效的多层效应展开分析，有助于本书理解特定的宏观制度背景下不同区域的经济、社会和技术禀赋差异以及微观组织和管理差异的相互关系及其对成果转化（技术转移）绩效的影响，揭示不同条件之间的互动关系，提出产生科技成果转化高绩效的不同方式与组合路径，为促进科技成果转化提供了现实指导意义。

（2）结合我国国情以及区域资源禀赋差异与成果转化实践背景展开研究。

改革开放以来，党和国家已经为促进科技成果转化建立一整套有特色的政策体系，本书专注于中国的成果转化实践，结合科技成果转化活动的运作特点展开研究，有助于更好地理解和把握中国科技成果转化活动的实践情境和影响因素，从而增强实证研究的内在效果。

（3）综合使用验证性因子分析法和模糊集定性比较分析法以及跨区域样本，为定性比较分析法和定量研究法的结合提供一种可行的跨区域非线性研究方案。

将模糊集定性比较分析法和验证性因子分析法结合，为科技成果转化领域的定量和定性相结合的研究提供了一个探索性方案。该方案在揭示成果转化高绩效路径之前，先一步评估宏观制度环境的效果，扩展了定性比较分析法的分析结果。该方案可以被广泛地应用在组织与管理研究中，充分利用定性比较分析法的分类优势。与过往研究只关注某个条件（因素）对科技成果转化绩效的影响程度不同，本书考虑不同层面的关键条件的组合，关注非线性、非对称条件间的关系。

（4）凝练出技术人员的身份自洽条件，并验证了其在中介机构成果转化活动中对政策要素的互补作用，以及对资源要素的替代作用。

通过在多层视角框架中加入体现管理者行为的一致性条件，结合中国的成果转化中介机构情境，在对已有研究分析框架进行总结的基础上，提出技术转移人才身份自洽要素，并在中国的区域大学资源背景中进行验证，发现身份自洽条件在技术转移活动中对政策要素的互补作用以及对资源要素的替代作用；对现有探索管理者行为因素与技术转化成效之间相关关系与效应的相关研究进行拓展和丰富；对于管理人员融入整体的技术转移生态以提升转化绩效提供有益的指导。

# 第 2 章  理论基础与文献研究

由于技术转移转化在经济发展中极具重要性，技术管理学者已经对其进行长达 50 余年的深入探索（Roessner and Bean，1990；Zhao and Reisman，1992；Carayannis and Campbell，2009，2012；Roessner and Wise，2010；任荆学、吕萍、柳卸林，2013；Kirchberger and Pohl，2016；陈劲、阳镇，2021）。学者们从制度理论（North，1990；DiMaggiol and Powell，1983；Ergas，1987；Link，2010）、技术转移主体理论（Etzkowitz and Leydesdorff，1995；柳岸，2019；Carayannis，2010）、技术转移生态系统理论（Iansiti et al.，2014；Carayannis，2018；吕建秋、王宏起、王雪原，2017）等不同理论视角探讨科技成果转化活动的逻辑和绩效提升。本章通过对科技成果转化、科技成果转化政策、科技成果转化多层视角等领域进行分析，从而区分并辨析本书在科技成果转化研究领域的所属范畴，为后续的理论分析和实证研究假设的提出提供相应的理论支撑。

## 2.1  理论基础

### 2.1.1  制度理论

道格拉斯·诺斯（Douglas North，1990）将制度因素引入经济研究之中并发现了制度与制度变迁在长期经济增长中的作用，从而建立了"制度—选择—经济和社会结果"的新制度经济学的分析框架和方法，强调制度是一种正式的控制系统，是一种强制性的因素。以迪马乔和鲍威尔（DiMaggio and Powell，1983）为代表的新制度主义学派则强调文化—认知性层面的制度，不强调来自官方的强制性约束，强调组织/个体所处环境的模板（templates）对其行为的影响，即组织/个体会受到所处环境的信仰体系与文化框架的影响，即规范性压力，并逐渐使组织行为与制度环境要求相适应，并不需要任何的制度框架约束，即制度同构（isomorphism）。因此，制度环境会对组织的经营活动产生显著影响。例如，企业在进行技术创新时，会严格遵守法律法规，符合法律管制要求，使其在技术创新和科技成果转化方面更具有合法性和规范性。政府颁布的科技政策对于社会科技创新存在举足轻重的影响（Ergas，1987）。政府对不同领域的技术采用不同类型的科技政策能获得更好的创新绩效（Link，2010）。

国内研究中，不少学者探讨制度对于科技创新的正面影响。刘兴远（2000）指出科技创新是世界经济增长的引擎，因此要从政策上加大对科技创新的扶持力度，通过强化政策扶持，营造有利于科技创新的宏观环境；创新产学研一体化机制，实现科技和经济的紧密结合；建立风险投资机制，完善人才激励政策等。章新华（2000）指出科技创新政策对增长方式转变具有外在的集约性作用、内在的倍加性作用和关键性作用。通过优化科技创新政策推动经济增长方式转变，必须满足人口、资源、环境协调发展。罗友和（2004）强调科技创新政策对中国的经济发展及改革具有重要意义，并从经济学角度分析现阶段我国科技创新的状况，在此基础上提出从税收激励政策、知识产权保护制度、公共采购政策、政府管制政策、风险资本政策完善等方面制定完备的科技创新政策。李晗冰等（2022）指出制度环境的差异会造成制度参与主体的行为产生差异，由此形成"制度嵌入—互动回应—能力弥合"的互动机制。在不断变化的外部环境中，企业要想保持现有的发展水平或不断成长，就需要通过改变自身的战略来响应外部环境的变化，使环境不确定性降至最低。

## 2.1.2　技术转移主体理论

技术转移主体理论的发端是技术转移的三螺旋理论。埃茨科瓦茨和雷德斯道（Etzkowitz and Leydesdorf，1995）最早提出技术转移三重螺旋理论，指出以知识经济为基础的社会中，大学、企业和政府是技术转移转化的三个主要主体，在知识经济时代的变革下，政府、高校、企业之间具有相互协调、相互交织的关系。政府是科技成果转化的关键主体之一（Bozeman，2000），大学在政府的各种制度安排下为创新发挥更大的作用。产业、大学和政府在重叠的制度领域中生成知识基础设施，各主体形成相互交织的混合组织关系。根据三螺旋创新模式，大学、企业和政府的交叠部分才是创新系统的核心单元，在将知识转化为生产力的过程中，各机构互相作用，演变出多种发展模式，从而推动整个创新系统螺旋上升（Etzkowitz and Leydesdorf，1995）。三螺旋模式的目标是实现一个包括大学衍生创业公司、基于知识经济发展的三边创新协议，以及在不同领域运营、具有不同技术水平、包括政府实验室和学术研究小组在内的公司之间的战略联盟（Etzkowitz and Leydesdorf，2000）。此后，三螺旋理论被广泛应用于探究创新研究，避免了在传统创新理论中政府、大学和企业各行其道，即政府只起创新过程的主导作用、大学仅提供教学研究功能，企业只是创新活动主体的传统创新模式这一情况。

国内研究中，方卫华（2003）指出，三螺旋理论主要强调在共同利益的驱动下，这三者在推动科技成果转化的过程中相互作用、相互影响，使知识在三者之间流动。它注重政府与高校、政府与企业、企业与高校的关系，而不是强调各主体的地位和重要性。柳岸（2011）指出，三螺旋创新模式下，政府是创新体系的主导者，通过提供产业政策和研究经费推动产业发展和技术创新；大学在传统人才培养和技术产出职能外，通过设立技术转移部门与企业开展沟通合作，或自主创办衍生企业；企业作为技术创新的主体之一，不断加强内部研发部门建设，或与大学、科研机构联合实现创新发展。

学术界对于技术转移主体的研究主要关注政府、大学和研究机构、中介机构（Kirchberger and Pohl，2016；胡振亚，2012），以及四螺旋、五螺旋理论（Carayannis et al.，2009；2010）中提出的其他主体。

1. 政府

一些研究记录了政府和行业如何支持和激励公共研究机构创建新的企业。在《拜杜法案》之前，政府并没有很好地发展对学术界和大学的激励机制，很少有大学从事技术许可和积极的商业化（Shane，2004）。认识到大学商业化活动对国家财富创造的价值后，一些政府将其技术政策从"市场失灵"范式（假设创新从私营部门流向私营部门，大学或政府的作用最小）转变为"技术合作范式"（假设政府实验室和大学可以在发展技术方面发挥作用）（Bozeman，2000）。除颁布《拜杜法案》外，美国还制定其他配套政策，如促进合作研发、扩大政府技术的专利政策、放松反垄断法规、发展合作研究中心和改变政府拥有的知识产权的处置准则等（Bozeman，2000）。此外，各国政府以赠款和公共资金的形式建立财政性质的资助机制。欧洲委员会在1996年启动的第一个创新行动计划就是资助技术型企业，特别是大学衍生企业创办和发展。在美国，小企业创新研究和小企业技术转让研究等基金为具有商业潜力的高风险研发提供资金（Meyer，2003）。徐小洲和李志永（2010）提出政府在科技成果转化中的重要性。郭英远（2015）从政策的角度提出科技人员参与科技成果转化收益分配是技术创新激励机制的关键。

2. 大学和科研院所

有学者提出，美国的技术转移思想基础源自"威斯康星思想"（Wisconsin Idea），其主要内容是认为大学应同时具备传播知识和提供专业服务两种功能，即大学要为社会提供服务。该思想确立了大学教学、科研与服务的三维关系，打破了大学传统的封闭状态，建立了大学与社会的全方位联系。此后，社会服务逐渐成为美国大学的一个重要职能，并逐渐成为影响全世界大学的理念。有学者指出，为提高地区或国家的经济表现，大学的角色已经从"知识生产者"转变为"知识资产主"（Etzkowitz and Leydesdorff，2000）。许多大学引进技术孵化器（Link and Scott，2005）、科技园区（通常由政府资助）和补贴计划（Shane，2004）。大学的这种新角色有时被称为大学的"第三使命"（Rothaermel et al.，2007）。其中，孵化器通过指导和提供人力资本支持影响新创企业的技术转移转化成功率（Cooper，1985）。大学运营的技术转让办公室通过识别、保护、营销和授权大学教师开发的知识产权，在大学研究商业化方面发挥着积极作用（Siegel et al.，2003）。西格尔（Siegel，2004）对相关文献进行研究后指出大学技术转移的激励机制和组织机构运行的加强在技术转移的有效性方面起着重要作用，因此大学应建立技术转移战略规划，加强技术转移办公室的服务能力以及培训大学研究人员和研究生等。

有学者认为，大学与企业之间进行产学合作是一种混合型组织关系，双方通过开展灵活多变的合作实现优势互补，有利于技术创新和科研突破（Borys and Jemison，1989）。可以根据大学和企业之间合作水平的差异，划分研究支持、合作开发、知识转移和技术转移等合作模式，以合作绩效为目标，不断提高双方合作水平（Santoro，2000）。国内研究中，迟宝旭（2005）概括了大学的科学研究活动与企业合作的两种方式——合作研究、委托研究。梅姝娥和仲伟俊（2008）分析阻碍高校科技成果转化的障碍因素。陈兰杰（2009）分析国内外高校科技成果转化的主要模式和特点。郭强等（2012）以高校科技成果转化为切入点，探究高校科技成果转化的内外部影响因素，并提出可行性意见。柳岸（2011）以中国科学院为例，对科技成果转化模式进行实证研究。

3. 中介机构

美国大学技术管理协会（AUTM）、技术成果转化办公室等一批中介机构的出现引起了学者们的兴趣，由此展开多方位的研究。豪厄尔斯（2006）最早提出技术转移中介概念（intermediary），认为社会创新主体是技术转移中介，在三螺旋主体和转移内容之间提供桥梁，促进不同空间的各主体间的联系，协调不同组织之间的合作，提供新知识和技术，对于支持创新至关重要。技术转移中介也被称为技术转移代理人（transfer agents），有学者认为政府所有的技术转移代理机构由于需要追求广泛的公共利益目标，其努力更加有动力并受到持续变化的公众价值观的影响，从而影响其技术转移成效（Jorgensen and Bozeman，2007）。国内研究者朱桂龙、彭有福（2003）以美国、日本、德国为代表介绍了发达国家科技中介服务体系的构成。

4. 其他主体

由于更广泛的技术转化主体的参与，三螺旋理论逐步发展为四螺旋、五螺旋以及创新创业生态系统等理论。技术转移的四螺旋框架（RIS，2014；Carayannis et al.，2009）在产、学、研三重螺旋框架基础上加入社会创新和公众价值维度而发展建立起来。技术转移的五螺旋框架则是在四螺旋框架中再加入环境要素（Bozeman，2000；Carayannis et al.，2010），认为技术转移发生在包含大学、政府、产业、社会和环境的生态系统中，其中包括广泛的相互关联的参与者。

## 2.1.3 技术转移生态系统理论

"生态系统"一词源于生物学，生物生态系统是指一个区域内的所有生物（生物因子）及其物理环境（生物因子）作为一个共同作用的系统单元。它的特征是能够维持一个或多个平衡状态，在这些平衡状态下存在一组或多组相对稳定的条件，以维持种群数量或营养交换在理想的水平。因此，生态系统具有特定的功能特征，能调节变化或维持理想平衡状态的稳定性，不同成员共享生态系统的命运，并具有相互依赖的关系（Iansiti et al.，2004；Oh et al.，2016）。在商业和管理文献中已经出现了不同类型的生态系统，其中就包括创新和创业生态系统（Jackson，2011；Alvarez et al.，2018）。

1. 技术转移生态系统的概念

技术转移生态系统理论由技术转移五螺旋理论演化而来，即认为技术转移发生在包含大学、政府、产业、社会和环境的生态系统中，其中包括广泛的相互关联的参与者（Bozeman，2000；Carayannis et al.，2010）。技术转移生态系统被定义为通过直接支持成果转化活动而连接在一起的大学附属中介组织的集合，由各种组织实体组成，如科技园、孵化器和技术转让办公室（Good et al.，2020；Carayannis et al.，2018；Good et al.，2019）。这些产、学、研以及社会和环境各主体是区域合作创业生态系统的推动者和执行者（Alvarez et al.，2018），各组成部分之间的依赖性不断加强，适时对技术转移生态系统的知识进行结构化综合（吕建秋、王宏起、王雪原，2017）。

有学者对技术转移生态系统绩效进行分类，如古德等（Good et al.，2020）对斯堪的纳维亚不同大学的技术转移生态系统进行比较研究后，提出三种不同类型的技术转移生态系统：第一，内向型生态系统，其中多数参与主体都是大型的，发生在大学内部，通常以高度集中为特征，具有向内焦点，并且只与外部主体开展正式的交互；第二，外部化型生态系统，其中所有参与主体的大小都不同，是拥有多个所有者的独立组织，生态系统以高度独立的方式构建，并且面向外部；第三，联合生态系统，其特征是由典型的小型组织参与主体组成，这些主体有些位于大学内部，有些位于大学外部，总体分散，生态系统的各组成部分呈高度专业化和协调性。

### 2. 技术转移生态系统的构成

古德等（2019）提出，技术转移生态系统的四个核心组成部分包括技术转让办公室、孵化器、科技园和大学风险基金。技术转让办公室是连接技术环境和市场环境的纽带；科学园区是以财产为支撑的组织，专注于发展基于技术的业务。孵化器是基于组织与大学环境的科技集成中心，有专门的行政部门，专注于围绕技术的业务，并提供相关的业务服务和技术转移服务（Aaboen，2009；Bergek and Norrman，2008）。大学风险基金则具有特定和明确的使命，通过投资支持技术转移和大学及公共研究成果的商业化，通常还与大学进行某种形式的合作（Munari and Toschi，2015）。

国内研究中，刘志迎和谭敏（2012）基于对创新主体的分析构建我国技术转移系统。孙彦明和赵树宽（2019）认为技术转移生态系统由科技成果供给群落、科技成果转化群落、科技成果需求群落和外部环境四部分构成，群落内相互竞争、相互促进，群落间紧密联系、分工协作，促进技术进步和产业升级。李彦昭、张旭、郭菊娥（2021）提出科技成果转化生态系统包括生态主体和生态环境。其中，生态主体包括政府、高校、研究所、中介服务机构和成果接纳企业等，生态环境主要包括经济环境、制度环境以及社会文化环境。各生态主体通过技术、信息、资金、人才等资源的交流和交换彼此互补共生；生态环境影响着各生态主体的互动关系，进而影响转化绩效，转化绩效与生态主体的互动状态又反过来影响生态环境。

## 2.2　文献研究

CiteSpace 软件是采用 Java 语言开发的信息可视化工具，主要功能是基于寻径网络算法（pathfinder）和文献共引（co-ciation）等理论，对选定领域的文献进行计量分析，探寻该领域研究演化的主要路径以及知识拐点，并通过绘制可视化图谱探测学科演化和发展前沿（Chen，2016）。寻找可视化图谱中不同寻常的点并加以分析能帮助本书解释领域研究现状以及预见领域研究的未来前景。

通过对现有文献的梳理，尚未发现专门针对国内外科技成果转化政策研究的文献。鉴于此，为深入梳理和了解科技成果转化研究的概况和演化发展进程，本章研究利用 CiteSpace 6.1 工具，基于 2000～2022 年 Web of Science（WOS）数据库和中国知网（CNKI）数据库的文献资源，结合知识图谱分析对中英文相关文献进行计量分析和内容挖掘，详细归纳科技成果转化及其政策研究的发文量、发文机构分布、核心作者等，探索科技成果转化政策研究的热点与未来演进情况。

## 2.2.1　数据来源与研究方法

### 1. 基本数据来源

本部分的数据来源为 WOS 数据库和中国知网（CNKI）。WOS 是全球权威的英文科学文献数据库。CNKI 是权威的中文科学文献数据库。WOS 数据库中核心合集的 SSCI（social sciences citation index）数据库是本部分英文研究文献的数据来源；CKNI 数据库中的 CSSCI 数据库是本部分中文研究文献的数据来源。

由于中国知网的文献数据不能应用于文献计量软件进行内容分析，因此本章文献计量分为两部分进行。第一步，对国内文献中有关科技成果转化的研究进行文献计量分析，具体以中国知网的 CSSCI 数据库 2000～2022 年的文献为样本；第二步，分别对外文和中文科技成果转化政策研究成果进行文献计量分析，外文文献数据来源于 2007～2022 年 WOS 数据库中 SSCI 文献，中文文献数据来源于中国知网的 CSSCI 数据库文献，即上一部分分析中的科技成果转化政策研究文献部分。

### 2. 研究方法

本部分将采用基于可视化分析工具的文献计量方法，通过软件绘制科学知识图谱，探索科技成果转化政策的研究脉络。对于文献数量稀少的部分采用文献精读研究方法。

陈超美教授开发的 CiteSpace 6.1 软件将被用来对国内外相关文献的知识要素进行统计，通过绘制知识图谱进行内容分析。CiteSpace 系列应用软件适用于多元、分时、动态的复杂网络分析，目前已成为科学计量学中广泛采用的信息可视化方法（Chen，2016）。

运用 CiteSpace，某个研究领域的科学知识图谱可以通过各种不同类型的网络展现，如分别选择 author、institute、keyword、reference 等作为分析对象，可对样本进行作者合作分析、合作机构分析、关键词聚类、文献共被引分析等，并绘制出相应的科学知识图谱。关键的聚类和文献共被引分析中，聚类代表同类节点的汇总，即关键词和被引文献的汇总，节点的大小代表关键词出现的频次或文献被引用的频次，连线的颜色则代表首次出现或文献共被引的时间，时间越早，图谱中的节点颜色就越深；通过节点的大小和内容以及平均发表年份可以判断研究的热点及其时间演进情况；网络整体密度的大小代表网络关系的紧密程度（杨国立、张垒，2015）。某段时间内的出现频次异常突出的关键词（突现词）和某段时间内的被引次数异常突出（突发文献）则反映该领域一段时期内的研究热点和前沿趋势（Chen et al.，2014）。

### 2.2.2　科技成果转化政策研究文献计量

本节针对科技成果转化（技术转移）政策进行文献计量研究。在此之前，本书首先对科技成果转化（技术转移）研究进行文献计量分析，相关数据、研究方法、过程和发现见附录 1。

由附录 1 可知，通过对既有科技成果转化研究的文献进行计量分析，"政策工具"是科技成果转化研究的研究热点以及未来一段时期内的研究前沿。为此，本节进一步对科技成果转化政策相关文献进行可视化分析，以期更深入地了解国内外技术转移政策的现状和发展态势，从而对本书在科技成果转化研究领域的所属范畴进行区分，为后续的理论分析和实证研究假设提出提供相应的理论背景支撑。

本节采用的研究数据来源于 WOS 数据库的 SSCI 文献数据和中国知网的 CSSCI 文献数据库。首先，使用 WOS 数据库搜索时，设定检索主题词为"technology transfer policy"或"technology commercialization policy"，设定时间跨度为 2007 年 1 月 ~ 2022 年 4 月，设定文献来源类别为 CSSCI。搜索结果显示 2007 年 1 月 ~ 2022 年 4 月共有 2 573 篇相关文献，通过阅读题目和摘要后删除书籍介绍、会议通知等不相关文本，筛选得到符合研究条件的样本共343篇。社会科学引文索引（SSCI）是全球最权威的社会科学引文数据库，目前收录社会科学2 800多种国际性、高影响力的学术期刊，数据最早可以回溯到1900年，因此可将其作为科学决策的依据。

中文文献则在上一部分科技成果转化研究文献中析出（共计216篇）。

### 2.2.2.1 外文科技成果转化政策知识图谱分析

**1. 研究现状**

（1）年度发文量分析。发文量反映了研究领域受到学者们关注的情况，见图2－1。由图可知，外文科技成果转化政策研究的发文篇数自2007年以来总体呈上升趋势。

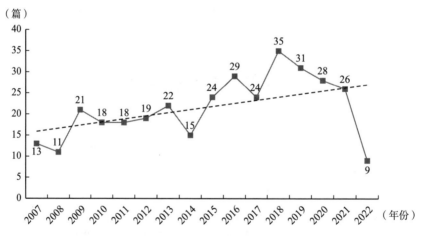

**图2－1 外文技术转移转化政策研究发文量分布**

资料来源：由CiteSpace分析绘制。

（2）关键词共现分析。文献的关键词往往提炼文章的核心主题，对数据集的文献关键词进行共现分析可以帮助研究者了解领域的研究热点。将节点类型选择为"keyword"，运行CiteSpace，生成如图2－2所示成果转化政策文献关键词共现知识图谱。结果显示，节点数N＝379，连线数E＝792，网络密度Density＝0.0111。除了"technology transfer"（技术转移）和"policy"（政策）这两个检索词外，出现频率最高、共现最多的关键词是"innovation"（创新）、"performance"（绩效）和"industry"（产业），从中可以得知，成果转化政策研究主要探讨科技成果转化对于创新和产业的效应，科技成果转化绩效是研究者普遍关注的问题。"firm"（企业）、"research & development"（研究与开发）、"knowledge"（知识）、"university"（大学）、"absorptive capacity"（吸收能力）"knowledge transfer"（知识转移）等关键词也是研究关注的主题（见表 2 - 1）。

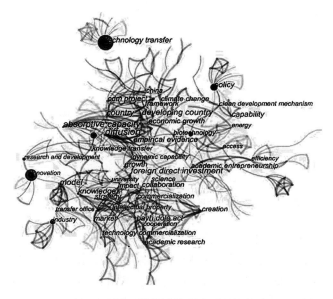

**图 2 - 2　外文技术转移转化政策研究关键词共现知识图谱**

资料来源：由 CiteSpace 分析绘制。

表 2 - 1　　　　　　　　　　排名前二十的共现关键词

| 关键词排名 | 关键词 | 年份 | 关键词共现量 |
| --- | --- | --- | --- |
| 1 | technology transfer（技术转移） | 2007 | 148 |
| 2 | innovation（创新） | 2007 | 94 |
| 3 | policy（政策） | 2008 | 65 |
| 4 | performance（绩效） | 2010 | 51 |
| 5 | industry（产业） | 2008 | 44 |
| 6 | firm（企业） | 2007 | 34 |
| 7 | commercialization（商业化） | 2008 | 33 |

续表

| 关键词排名 | 关键词 | 年份 | 关键词共现量 |
|:---:|:---:|:---:|:---:|
| 8 | research & development（研究与发展，R&D） | 2008 | 32 |
| 9 | knowledge（知识） | 2007 | 31 |
| 10 | university（大学） | 2011 | 22 |
| 11 | absorptive capacity（吸收能力） | 2009 | 21 |
| 12 | knowledge transfer（知识转移） | 2010 | 21 |
| 13 | intellectual property（知识产权） | 2007 | 21 |
| 14 | transfer office（转移办公室） | 2009 | 20 |
| 15 | growth（成长） | 2010 | 18 |
| 16 | climate change（气候改变） | 2008 | 18 |
| 17 | foreign direct investment（fdi） | 2007 | 17 |
| 18 | model（模式） | 2007 | 17 |
| 19 | diffusion（扩散） | 2009 | 16 |
| 20 | clean development mechanism（清洁发展机制） | 2007 | 16 |

资料来源：根据 CiteSpace 分析整理得到。

（3）发文机构分析。将节点类型选择为"journal"，运行 CiteSpace，考察成果转化政策研究的发文机构情况，从图谱数据可以看出，发文最多的机构是"Univ Sussex"（萨塞克斯大学，英国），发文量为 7 篇，其次是"Georgia Inst Technol"（佐治亚理工学院，美国）和"Indiana Univ"（印第安纳大学，美国），发文量均为 6 篇。"Arizona State Univ"（亚利桑那州立大学，美国）、"Nothumbria Univ"（诺森比亚大学，英国）和"Katholieke Univ Leuven"（卡托利克大学鲁汶分校，比利时）这三个机构的发文量是 5 篇，其他机构的发文量普遍在 1~3 篇。

图 2-3 展示了外文发文机构的合作知识图谱。在机构合作网络图谱中，节点大小代表节点的规模，节点连线代表合作强度。根据图谱，N = 346，E = 272，Density = 0.0046，产生 346 个节点，272 条连线，网络密度为 0.0046。图中节点分布较为分散、节点间的连线较为稀疏，除"Georgia Inst Technol"（佐治亚理工学院）、"Arizona State Univ"（亚利桑那州立大学）和"Grenoble Ecole Management"（格勒诺布尔高等商学院，位于法国格勒诺布尔市中心）与其他机构的联系较多，其他大多数研究机构之

间合作较少，合作程度总体较低。

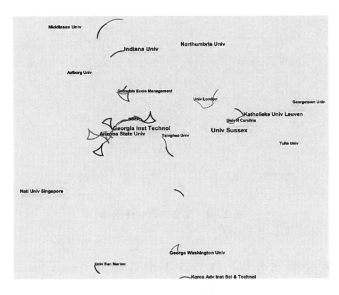

**图 2 - 3  发文机构合作知识图谱**

资料来源：由 CiteSpace 分析绘制。

（4）发文作者分析。为考察成果转化政策研究的作者分布情况，本书将节点类型选择为"author"，运用 CiteSpace 得到如图 2 - 4 所示的成果转化政策研究的作者共现知识图谱。统计得出 2007 ~ 2022 年高产作者数量较少，其中发文数量较多的作者是戴维·B. 奥德里奇（David B Audretsch，5 篇）、唐纳德·S. 西格尔（Donald S Siegel，5 篇）、埃里克·E. 莱曼（Erik E Lehmann，4 篇）、埃里斯·C. 奥沙布特里（Ellis L C Osabutey，4 篇）。

由图 2 - 4 可知，小部分作者之间形成了较强的合作关系，但大部分作者还是分布较为分散，合作关系零散，但从图中可以观察到，核心的研究节点初见雏形。从发文机构图谱和发文作者图谱中观察，"机构分布"与"作者分布"两者影响力呈正相关，说明学术机构与研究者相互影响、相互促进，也说明成果转化领域的研究还有很大的发展空间。

**图 2 - 4　发文作者合作图谱**

资料来源：由 CiteSpace 分析绘制。

（5）发文期刊分析。将节点类型选择为"cited journal"，运行 CiteSpace，考察成果转化政策研究的发文期刊分布情况，得到如图 2 - 5 所示的成果转化政策研究的发文期刊分析图谱。表 2 - 2 列出了收录成果转化政策相关文献数量排名前 8 的期刊。排名第 1 位的为 *Journal of Technology Transfer*（《技术转移期刊》），发文篇数为 231 篇；排名第 2 的是 *Research Policy*（《研究政策》），数量是 210 篇。

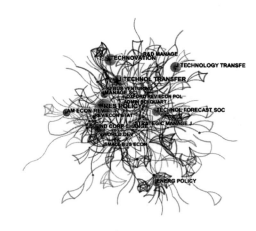

**图 2 - 5　发文期刊分析图谱**

资料来源：由 CiteSpace 分析绘制。

同时，从图 2 - 5 中能看出各期刊之间节点分布较为集中，节点间的连线也很稠密，说明期刊间文献相互引用较为普遍，这些期刊对于成果转化政策研究的影响力和贡献很大。

表 2 - 2　　　　　　　　　　发文量排名前 8 的期刊分布

| 发文量排名 | 期刊名称 | 发文量（篇） |
| --- | --- | --- |
| 1 | *Journal of Technology Transfer*<br>《技术转移期刊》 | 231 |
| 2 | *Research Policy*<br>《研究政策》 | 210 |
| 3 | *Technovation*<br>《技术创新》 | 123 |
| 4 | *American Economic Review*<br>《美国经济评论》 | 92 |
| 5 | *Industrial and Corportate Change*<br>《产业与企业变革》 | 86 |
| 6 | *Technological Forecasting and Social Change*<br>《技术预测与社会变革》 | 86 |
| 7 | *Management Science*<br>《管理科学》 | 79 |
| 8 | *Energy Policy*<br>《能源政策》 | 77 |

资料来源：根据 CiteSpace 分析整理得到。

（6）文献共引分析。考察 2007 年 1 月~2022 年 4 月成果转化政策研究文献共引的情况，将节点类型选择为"reference"，运行 CiteSpace，生成如图 2 - 6 所示的成果转化政策文献共引分析图谱。结果显示，N = 550，E = 1 573，Density = 0. 0104，产生 550 个节点，1 573 条连线，网络密度为 0. 0104。图中节点呈区块分布，每个区块中的节点和节点间的连线也相对稠密。从中能看出大部分研究者引用的文献重合度高，分布较为集中，主要呈区块分布。文献共引分析图谱见表 2 - 3。

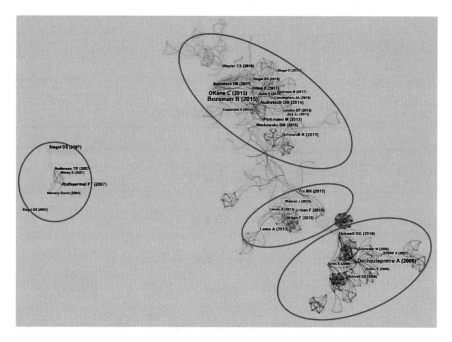

图 2 - 6　文献共引分析图谱

资料来源：由 CiteSpace 分析绘制。

表 2 - 3　　　　　　　共引量最多的十个文献

| 年份 | 共引量 | 文献信息 |
| --- | --- | --- |
| 2015 | 16 | Bozeman B, 2015, Research Policy, V44, P34, DOI 10. 1016/j. respol. 2014. 06. 008 |
| 2015 | 12 | O'Kane C, 2015, Research Policy, V44, P421, DOI 10. 1016/j. respol. 2014. 08. 003 |
| 2008 | 11 | Dechezlepretre A, 2008, Energy Policy, V36, P1273, DOI 10. 1016/j. enpol. 2007. 12. 009 |
| 2007 | 7 | Rothaermel FT, 2007, Industrial and Corportate Change, V16, P691, DOI 10. 1093/icc/dtm023 |
| 2011 | 7 | Grimaldi R, 2011, Research Policy, V40, P1045, DOI 10. 1016/j. respol. 2011. 04. 005 |
| 2014 | 7 | Audretsch DB, 2014, Journal of Technology Transfer, V39, P313, DOI 10. 1007/s10961 - 012 - 9288 - 1 |
| 2007 | 6 | Siegel DS, 2007, Oxford Review of Economic Policy, V23, P640, DOI 10. 1093/oxrep/grm036 |
| 2010 | 6 | Ockwell DG, 2010, Global Environmental Change, V20, P729, DOI 10. 1016/j. gloenvcha. 2010. 04. 009 |

续表

| 年份 | 共引量 | 文献信息 |
|---|---|---|
| 2013 | 6 | Perkmann M，2013，Research Policy，V42，P423，DOI 10. 1016/j. respol. 2012. 09. 007 |
| 2013 | 6 | Lema A，2013，Global Environmental Change，V23，P301，DOI 10. 1016/j. gloenvcha. 2012. 10. 010 |

资料来源：根据 CiteSpace 分析整理得到。

### 2. 研究趋势分析

关键词在时间维度上的突现强度能够反映领域知识演进变化的趋势，同时能够直观呈现不同研究阶段关键词的布局特征，帮助研究者总结研究主题在时间维度上的热点以及演变过程。

运用 CiteSpace 软件对成果转化政策研究的关键词进行共现分析，得出突现强度最高的十二个关键词，见表 2 - 4。

表 2 - 4　　　　　　　突现强度最高的十二个关键词

| 序号 | 关键词 | 年份 | 突现强度 | 开始年 | 结束年 | 2007 ~ 2022 年各年份突现强度（■强 —一般） |
|---|---|---|---|---|---|---|
| 1 | productivity（生产率） | 2007 | 3. 76 | 2007 | 2012 | |
| 2 | experience（经验） | 2007 | 2. 87 | 2007 | 2011 | |
| 3 | clean development mechanism（清洁发展机制） | 2007 | 2. 34 | 2007 | 2010 | |
| 4 | intellectual property（知识产权） | 2007 | 3. 31 | 2010 | 2015 | |
| 5 | strategy（战略） | 2007 | 2. 42 | 2011 | 2013 | |
| 6 | framework（框架） | 2007 | 2. 34 | 2011 | 2016 | |
| 7 | science（科学） | 2007 | 2. 4 | 2015 | 2017 | |

续表

| 序号 | 关键词 | 年份 | 突现强度 | 开始年 | 结束年 | 2007～2022 年各年份突现强度（■强 ——一般） |
|---|---|---|---|---|---|---|
| 8 | management（管理） | 2007 | 3.47 | 2016 | 2017 | |
| 9 | system（系统） | 2007 | 3.05 | 2017 | 2018 | |
| 10 | triple helix（三螺旋） | 2007 | 3.22 | 2018 | 2019 | |
| 11 | impact（效应） | 2007 | 2.71 | 2018 | 2019 | |
| 12 | commercializ-ation（商业化） | 2007 | 2.41 | 2020 | 2022 | |

资料来源：根据 CiteSpace 分析整理得到。

从突现关键词中可以观察到，在 2007～2012 年，学者们对 productivity（生产力）、experience（经验）和 clean development mechanism（清洁发展机制）的研究比较重视，说明这一阶段的成果转化政策重点围绕生产力的发展和技术人员的经验培养方面展开，同时成果转化的侧重点是在清洁发展方面；2010～2015 年，intellectual property（知识产权）、strategy（战略）和 framework（框架）三个关键词出现强度高，可知政府开始重视知识产权的保护和战略构建，通过保护知识产权提高科研人员对成果转化的动力，同时进行成果转化战略构建，完善组织框架，保证成果转化的稳步进展；2015～2019 年的关键词是 science（科学）、management（管理）、system（系统）、triple helix（三螺旋）、impact（效应），表明这一阶段科技成果转化政策研究重点关注了科学、管理、系统以及三螺旋模型，体现出成果转化政策逐步开始出现系统化、科学化的管理手段以及对三螺旋模式的关注；2020 年至今，commercialization（技术商品化）是这一阶段的突现关键词，体现出学者们对于将技术转化为生产力，并转化为市场可销售商品的关注。

对突现关键词和突现共引文献进行分析可以推断未来研究的发展趋势，运用 CiteSpace 软件对成果转化政策研究的共引文献进行分析，得出突现性最强的 8 篇共引文献，见表 2-5。

从表 2-5 可知，突现性最强的两篇文献分别是针对技术转移的效应模型（Bozeman，2015）和成果转化办公室（OKane，2015）的研究。2022 年尚在突现期的共引文献是 *Conceptualizing academic entrepreneurship e-cosystems：A review，analysis & extension of the literature*（《学术创业生态系统：文献综述、分析与延伸》），这篇文章强调了创业生态系统对于成果转化的重要性（Hayter et al.，2018）。

表 2 – 5　　　　　　　　　　　　突现强度最高的 8 篇共引文献

| 序号 | 文献 | 强度 | 标题 | 开始年 | 结束年 | 2007～2022 年各年份突现强度（━ 较弱 ━ 强 ━ 较强） |
|---|---|---|---|---|---|---|
| 1 | Deche-zlepre-tre A，2008 | 4.91 | *The Clean Development Mechanism & the international diffusion of technologies：An empirical study*（《清洁发展机制与技术国际扩散：实证研究》） | 2009 | 2013 | |
| 2 | Rotha-ermel FT，2007 | 3.48 | *University entrepreneurship：A taxonomy of the literature*（《大学创业：文献分类》） | 2009 | 2012 | |
| 3 | Siegel DS，2007 | 3.33 | *Technology transfer offices & commercialization of university intellectual property：Performance & policy implications*（《技术转让办公室与大学知识产权商业化：绩效与政策影响》） | 2010 | 2012 | |
| 4 | Ock-well DG，2010 | 3.25 | *Intellectual property rights & low carbon technology transfer：Conflicting discourses of diffusion & development*（《知识产权与低碳技术转让：传播与发展的冲突话语》） | 2013 | 2015 | |
| 5 | Grimal-di R，2011 | 3.9 | *30 years after Bayh-Dole：Reassessing academic entrepreneurship*（《拜杜法案之后的 30 年：重新评估学术创业》） | 2015 | 2016 | |

| 序号 | 文献 | 强度 | 标题 | 开始年 | 结束年 | 2007～2022 年各年份突现强度（—较弱 ▬强 —较强） |
|---|---|---|---|---|---|---|
| 6 | Bozeman B，2015 | 5.28 | *The evolving state-of-the-art in technology transfer research：Revisiting the contingent effectiveness model*（《技术转移研究的新进展：对偶然有效性模型的再考察》） | 2017 | 2020 | |
| 7 | O'Kane C，2015 | 3.94 | *University technology transfer offices：The search for identity to build legitimacy*（《大学技术转让办公室：寻找身份以建立合法性》） | 2017 | 2020 | |
| 8 | Hayter CS，2018 | 2.91 | *Conceptualizing academic entrepreneurship ecosystems：A review，analysis & extension of the literature*（《学术创业生态系统的概念化：文献回顾、分析与拓展》） | 2020 | 2022 | |

资料来源：根据 CiteSpace 分析整理得到。

### 2.2.2.2 外文科技成果转化政策研究视角

通过对共引文献的阅读，本书发现外文文献关于成果转化政策的研究主要关注以下三个视角。

1. 针对技术转化主体的政策

主要考察了针对大学（Rothaermel，2007）、技术转让办公室（O'Kane et al.，2015）、创业型公司（Etzkowitz and Leydesdorff，2000；Cesaroni and Piccaluga，2016）、创新网络/创业生态系统（Bozeman et al.，2015；Autio et al.，2014；Hayter et al.，2018）四类主体的政策。现有文献以关注前两者为多。

（1）大学。大学被视为所谓的"经济增长引擎"，其经济影响在一定程度上依赖于大学附属创业企业的成功（Rothaermel et al.，2007）。因此，以技术为基础的经济发展政策迅速增加，主要侧重于通过专利申请、许可、初创企业创建和大学—产业伙伴关系来刺激大学的技术创业精神，即学术创业（Siegel et al.，2007）。大学和区域制定和执行连贯可行的技术转让/商业化战略被认为是至关重要的。

由于现有早期研究大多关注个体生态系统的要素和特征，一些学者开始呼吁创业生态系统的战略性和系统性概念化（Autio et al.，2014；Hayter et al.，2018）。

（2）技术转让办公室。技术转让办公室（也称技术转移办公室）的身份被视为学术界和工业界之间的"边界扳手"或"中间人"（Powers and McDougall，2005）。在大学内部，技术服务人员与学术和管理层之间的关系是单一代理—多重委托人的关系。技术转移办公室通过身份认同和身份操纵形成了双重身份，一个是科学身份，另一个是商业身份，分别是学术身份和管理身份。当代理关系中存在两个主体时，会产生相互冲突的期望，因此，有学者认为现有技术转让办公室的角色定位尚不够恰当，需要有不同的角色定位，以补充和加强通过身份认同和身份操纵形成的初步合法性，例如，鼓励技术转让办公室创建其独特的使命、目标、结构、培训、实践社区甚至融资模式（如众筹）；鼓励技术转让办公室在塑造独特的身份时融入其自身的能力和个人主义身份，以避免在实践中投射出与身份不一致的行为（O'Kane et al.，2015）。

2. 技术转化政策实施评价

《拜杜法案》（1980）为大学商业化和传播在研究实验室和校园其他地方开发的技术作出了重大贡献，一方面通过大学技术商业化这一层面刺激大学创业活动的增加，另一方面催生大学创业活动的社交网络（Grimaldi et al.，2011）。

但是，也有学者认为不论是基于对经济效率的贡献，还是对技术商业化和创业行为的促进，大学的激励创新的制度都未达到最优。结构性的不确定性，如许可的延迟、各方之间激励的不一致以及科学信息和科学进步所需材料的延迟流动等可能导致大学技术许可方面的功能失调（Kenney and Patton，2009），因此提出两种替代方案，第一种是将所有权授予发明人，发明人可以自由地与大学技术转让办公室或任何其他可能协助商业化的实体订立合同；第二种是通过开源策略或类似要求，即所有发明都必须获得非独家许可，使所有发明立即向公众开放。

### 3. 技术转化政策协调不足

大学在以 21 世纪为特征的现代知识经济中扮演着越来越重要的角色，越来越多的大学被要求通过技术转让和形成以创新为主导的创业衍生/新企业来促进经济发展。但是在成果转化方面政府政策仍然存在问题，例如不同项目之间缺乏协作、技术转让办公室短缺等（Kirby and Hadidi，2019）。拉维等（2022）研究发现，学者们在研究项目时合作较少，不利于学术交流，应在研究项目开始时就与行业建立紧密联系，这有助于将项目转化为成功的许可/技术转让。而政府作为这些协作活动的促进者，能通过创建促进机制和框架的开发发挥至关重要的作用。政府应通过为具有学术渊源的商业化产品提供财政激励或税收优惠来鼓励商业化，以实现大学/研究所和行业的双赢。

### 2.2.2.3　中文科技成果转化政策知识图谱分析

表 2-6 列出了收录成果转化政策相关文献数量排名前 8 的中文期刊。排名第 1 的是《科技管理研究》，发文篇数为 36 篇；排名第 2 的是《科技进步与对策》，发文篇数是 23 篇。此外，《中国高校科技》《中国科技论坛》《科学学研究》《科学管理研究》《中国软科学》和《科学学与科学技术管理》也是技术转移（成果转化）政策研究领域的高刊发期刊。

表 2-6　　　　　　　　　发文量排名前 8 的期刊分布

| 发文量排名 | 期刊名称 | 发文量/篇 |
|:---:|:---:|:---:|
| 1 | 《科技管理研究》 | 36 |
| 2 | 《科技进步与对策》 | 23 |
| 3 | 《中国高校科技》 | 17 |
| 4 | 《中国科技论坛》 | 16 |
| 5 | 《科学学研究》 | 12 |
| 6 | 《科学管理研究》 | 9 |
| 7 | 《中国软科学》 | 8 |
| 8 | 《科学学与科学技术管理》 | 5 |

资料来源：根据 CiteSpace 分析整理得到。

对科技成果转化政策（216 篇）CSSCI 文献利用 CiteSpace 进行关键词聚类分析得出如图 2-7 所示的时轴图谱和主题词聚类及其覆盖词语。由于文献数量较少，CiteSpace 未能分析出突现词。

表 2-7 列举了图 2-7 中各聚类的规模、平均年份及其代表性词语。其中，聚类规模最大的是聚类#0 科技成果，规模为 33，平均年份为 2011 年，主要覆盖词语为：成果转化、科技成果转化、转化、对策。平均年份最早的是聚类#13 正反馈，规模为 4，主要覆盖词语为：财政政策、外部性、科技成果转化、科技成果。平均年份最新的是聚类#10 价值导向，规模为 5，主要覆盖词语为：价值导向、评价指标、国际比较、科技成果转化效率、科技成果转化。说明国内的科技成果转化政策研究一直在深入发展，从早期聚焦财政政策等单一视角逐步转向更为综合的价值导向，增加了对于科技成果转化的评价和对效率的关注。

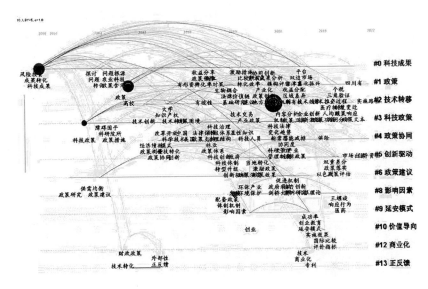

**图 2-7　科技成果转化政策研究关键词聚类时轴图谱**

资料来源：由 CiteSpace 分析绘制。

表 2-7 　　　　　　　　　　　主题词聚类及其覆盖词语

| 聚类 | 规模 | 轮廓值 | 平均年份 | 覆盖词语（LLR） |
|---|---|---|---|---|
| 0 | 33 | 0.961 | 2011 | 科技成果；成果转化；科技成果转化；转化；对策 |

| 聚类 | 规模 | 轮廓值 | 平均年份 | 覆盖词语（LLR） |
|---|---|---|---|---|
| 1 | 23 | 0.935 | 2015 | 政策；基础研究；产业化；高校；制度 |
| 2 | 22 | 0.943 | 2015 | 技术转移；大学；知识产权；内容分析；技术创新 |
| 3 | 21 | 0.854 | 2011 | 科技政策；美国；科学技术；政策支持；显性知识 |
| 4 | 19 | 0.969 | 2013 | 政策协同；科技转化；模式；科技园；经济绩效 |
| 5 | 13 | 0.87 | 2016 | 创新驱动；评估模式；政策效果；公共政策；科技体制 |
| 6 | 12 | 1 | 2012 | 政策建议；环保产业；高校科技成果转化；接力创新；剑桥大学 |
| 8 | 8 | 1 | 2015 | 影响因素；三螺旋；配套政策；自主创新；医药 |
| 9 | 6 | 0.98 | 2017 | 延安模式；创业；创业系统；创业教育；成功率 |
| 10 | 5 | 0.985 | 2019 | 价值导向；评价指标；国际比较；科技成果转化效率；科技成果转化 |
| 12 | 4 | 0.982 | 2018 | 商业化；专利；技术；保险政策；科技成果转化 |
| 13 | 4 | 0.971 | 2007 | 正反馈；财政政策；外部性；科技成果转化；科技成果 |

资料来源：根据 CiteSpace 分析整理得到。

### 2.2.2.4 中文科技成果转化政策研究视角

中文科技成果转化政策研究文献中被引频次最高的十篇中文文献如表 2-8 所示。

表 2-8　　　　　　　　　被引频次最高的十篇中文文献

| 序号 | 作者（年份） | 被引文献 | 被引频次 |
|---|---|---|---|
| 1 | 张剑等（2016） | 《中国公共政策扩散的文献量化研究——以科技成果转化政策为例》 | 124 |
| 2 | 卢章平，王晓晶（2013） | 《基于内容分析法的科技成果转化政策研究》 | 102 |
| 3 | 孙卫等（2006） | 《美国高校科技成果转化的成功经验及其启示》 | 102 |
| 4 | 蒋兴华等（2016） | 《基于政策分析视角的科技成果转化问题及对策研究》 | 90 |
| 5 | 黄传慧等（2011） | 《美国科技成果转化机制研究》 | 74 |
| 6 | 黄菁（2014） | 《我国地方科技成果转化政策发展研究——基于239份政策文本的量化分析》 | 72 |

| 序号 | 作者（年份） | 被引文献 | 被引频次 |
|---|---|---|---|
| 7 | 杜伟锦等（2011） | 科技成果转化政策演进及区域差异分析——以京津冀和长三角为例 | 68 |
| 8 | 李天柱等（2017） | 《基于接力创新的高校科技成果转化机制研究》 | 68 |
| 9 | 徐国兴，贾中华（2010） | 《科技成果转化和技术转移的比较及其政策含义》 | 61 |
| 10 | 马江娜等（2017） | 《中国科技成果转化政策文本分析——基于政策工具和创新价值链双重视角》 | 60 |

资料来源：根据现有文献整理得到。

对被引频次较高文献进行梳理有利于了解研究的主要视角。经过阅读被引频次高的文献，总结出我国现阶段科技成果转化政策研究主要关注以下三个视角。

1. 我国科技成果转化政策特征

不少研究关注我国科技成果转化政策的特征。如卢章平和王晓晶（2013）基于内容分析法探讨了我国1980～2011年的科技成果转化政策，通过对中央颁布的相关法律法规建立分析类目，并采用可视化工具对政策制定部门、发展趋势、政策效力、政策工具的使用情况和存在的问题展开分析，提出成果转化政策的制定策略，如加强整体规划、全面统筹和宏观调控，加强政策制定部门之间的协调沟通，以及适度降低供给型政策工具的使用频率，重视环境型和需求型政策工具的带动性与辐射性等。黄菁（2014）以239项地方成果转化政策为样本，通过多维尺度和定量统计分析，探讨地方科技成果转化政策研究的类型、时间、地域、主题以及政策作用、特征变迁等问题，认为我国虽然已经在科技成果转化政策建设方面取得了长足进步，但区域成果转化政策发展不平衡，政策对外部环境的敏捷性有待提升，同时需进一步完善针对科技成果转化的全过程的体系建设。

部分学者就科技成果转化政策的过程和性质进行探究。张剑等（2016）基于政策扩散理论，通过文本梳理和分析，提出从政策扩散的强度、速度、广度以及扩散方向等维度揭示科技成果转化政策的扩散过程和特点，指出在中国现有成果转化政策类别（如法律法规、规划、意见、办法、公告、通知等）形式中，规划类和法律类政策扩散强度较高，在时间顺序上分布相对集中。其中，法律类政策扩散广度较高，扩散范围较大，扩散时间较为持久，但扩散速度相对较低；而规划类政策扩散速度在短时间达到高峰，之后出现骤降并持续下滑。徐国兴和贾中华（2010）则分析中国科技成果转化政策的制度性质，认为中国的成果转化政策具有公有制特性。

### 2. 科技成果转化制度体系建设

另一个研究视角是科技成果转化的体系建设。如蒋兴华等（2016）梳理科技成果转化政策，建议我国从提高科技成果转化处置权、注重政策统筹协调、发挥市场作用、改革科技评价机制和评价体系等角度构建成果转化制度体系。杜伟锦等（2017）认为科技成果转化政策的演进直接反映了政府推进科技成果实施转化的过程，并从政策目标、政策工具、政策执行3个维度对比京津冀和长三角地区的阶段性演进差异，认为京津冀区域是先技术开发、技术引进、科技成果转化，后增强创新能力；而长三角区域是先增强创新能力，后技术引进。李天柱等（2017）采取案例研究方法，从"高校—企业"接力创新视角，提出了包括主动参与机制、利益分配机制、双向协同机制、信息交互机制、对接辅助机制、价值实现机制与环境优化机制在内的高校科技成果转化促进机制。

马江娜等（2017）在政策工具和创新价值链的双重视角下，对选取的64份我国中央政府颁布的科技成果转化政策，从政策工具和创新价值链两个维度分析了我国科技成果转化政策在政策工具设计、搭配及构建方面的不足，认为我国科技成果转化政策中环境面政策工具使用过溢，而供给面和需求面政策工具应用不够。

### 3. 科技成果转化政策国际学习

科技成果转化政策的国际学习也是主要研究视角之一。例如，徐国兴和贾中华（2010）比较中国文献中的"科技成果转化"和西方文献中的"技术转移"这两个概念，认为两者互相渗透、互相包容，既有密切联系又有不同内涵，互为因果。科技成果转化是指对研发过程中的科学技术成果进行进一步的研究、试验和试制，使之转化为可以直接用于生产实践的技术；而技术转移是指科学技术在国家、地区或行业之间以及在科学技术系统内的输出与输入过程总和。提出对于政府而言，技术转移是科技成果转化的手段，科技成果转化是技术转移的目的，是科技政策的主要目标之一。通过对这两个概念的比较揭示中西方相关科技法律和政策的差异。

黄传慧等（2011）认为，美国《拜杜法案》的颁布为美国的技术转移转化提供了重要的法律保障，对美国之后的技术转化和创新发展产生了积极的影响。他们同时介绍美国政府出台的一系列支持技术转移转化的政策，例如，向大学提供足够的科研资助，匹配大学的需求设立专门的技术转移服务机构，包括建立技术转让办公室、建立科技园区，辅助开展国际科技合作、辅助转让专利成果等，并提出应研究借鉴美国的技术转移转化机制，以提升我国的科技成果转化率。

也有学者专注于针对高校的科技成果转化政策，开展国际学习探索，例如孙卫等（2006）对美国大学技术转移转化过程中的政府立法、机构设置、办学理念转变、校企合作开展和吸引风险投资等方面的成功经验进行分析和总结，并提出针对我国高校的一系列政策建议。

### 2.2.2.5　小结

本部分以 2007～2022 年 WOS 数据库中 SSCI 来源文献以及中国知网的 CSSCI 数据库文献为样本，对成果转化（技术转移）政策相关文献的文献量、关键词共现、发文机构、发文作者、发文期刊、文献共引以及发展态势等方面进行可视化分析，审视国内外成果转化政策的研究现状和发展态势。有以下三点发现。

第一，"科技创新"和"政策工具"分别是国内研究成果自 2016 年以来的重要且仍在爆发期内的研究领域，意味着在未来一段时间内这两个主题仍是研究热点。对科技成果转化政策的研究成果进一步进行文献计量分析后发现，国内针对科技成果转化政策的研究一直在深入发展过程中，从早期聚焦财政政策等单一视角逐步转向更为综合性的价值导向，以及对于科技成果转化的评价和效率的关注。（见附录 1）

第二，成果转化政策研究一直呈发展态势，发文数量逐年上升。但不论是在发文作者方面还是在研究机构方面，该领域都未形成稳定的合作网络。国外技术转移政策主要发表在《技术转移期刊》《研究政策》《技术创新》《美国经济评论》《产业与企业变革》和《技术预测与社会变革》等期刊上。前沿探讨主要围绕针对成果转化不同主体的政策、科技成果转化政策效应评价、成果转化政策协调不足等问题展开。对突现关键词和突现共引文献分析后推断未来一段时间内对于技术转移效应、技术转让办公室以及学术创业生态系统的研究仍将继续发展。

第三，国内政策研究文献主要发表在《中国高校科技》《中国科技论坛》《科学学研究》《科学管理研究》《中国软科学》和《科学学与科学技术管理》等期刊上。现阶段我国科技成果转化政策研究主要围绕三方面内容：我国科技成果转化政策的特征、科技成果转化制度体系的建设和科技成果转化政策国际学习。

### 2.2.3　科技成果转化多层视角文献研究

本书也对科技成果转化多层视角的文献进行了搜索。在 WOS 数据库中分别检索"multi-level""technology transfer""technology commercialization""technology achievement transformation""multiple perspective""multiple-level""technology transfer""technology commercialization""technology achievement transformation"，对研究领域进行归纳后，初步阅读文章标题和摘要，发现符合研究要求的研究文献数量比较少，故未采用文献计量研究方法，而是采用传统的文献精读方法。

同样，在中国知网数据库中分别检索相关关键词，发现相关文献十分稀少，故采用传统的文献精读方法。

多层视角被认为源自里普和肯普（Rip and Kemp, 1998）的研究，原本用于解释技术转型，之后被学者引入社会技术系统理论（Geels and Schot, 2007），该理论认为微观层面上来自利基创新的内部动力和宏观层面上来自景观变化的外部压力会造成社会技术制度层面的不稳定，技术的转型是通过这三个层面的相互作用实现的。此后，多层视角方法被广泛用于系统转型的分析（Zhang, 2016）。2010 年之后，多层视角开始在科技成果转化研究领域受到关注。例如，学者开发了综合考虑合作者属性、协作过程和组织/制度特征的多层面分析框架，对大学创业中研究合作进行探讨（Bozeman et al., 2013）；考察宏观—中观—微观因素如何塑造技术转让办公室在创业和创新生态系统中的作用机制（O'Kane et al., 2021）等。

实证研究方面，有学者基于意大利的数据，重点研究了学术衍生企业的创业团队组成和绩效（Ben-Hafaïedh et al.，2018），就中观层面和微观层面大学如何鼓励学术界参与学术衍生、采取或使用哪些实际的方法保证创业团队配置质量，以及宏观层面或中观层面哪些政策工具和方案能够真正鼓励和支持这种团队配置提出了研究结论。开发包含个人属性、组织特征和生态系统特征的多层次模型，探究了 2015～2017 年技术转让办公室和直接产业资助在几个转型经济国家的大学技术商业化中所发挥的作用（Belitski et al.，2019）。采用多层次的纵向个案研究方法，分析大学的制度角色及其对社会的贡献，强调了对微观组织层面的规范落实、中观沟通层面的主体角色管理和宏观层面的制度逻辑演化这三个层面的动态相关性的联合分析（Sala and Sobrero，2021）。

虽然 2010 年之后有关科技成果转化的多层视角研究开始受到关注，但是既有研究以理论推演和机制构建为主，实证研究的研究对象则基本集中在美国和欧洲地区，对于中国科技成果转化实践的多层视角关注呈匮乏状态。

综上，本章对既有研究有如下梳理和分析：第一，梳理制度理论、技术转移主体理论、技术转移生态系统理论等与本书研究相关的理论，阐明上述理论目前的研究发展现状；第二，通过文献计量，围绕本书的研究内容对核心概念科技成果转化政策和科技成果转化多层视角等进行总体分析，从而对本书在科技成果转化研究领域的所属范畴进行区分，为后续的理论分析和实证研究假设提出提供相应的理论背景支撑。

对国内文献中有关科技成果转化的研究进行文献计量分析后发现，关键词"高校"和"影响因素"突现率很高，是近年的研究热点，尤其是"高校"，说明高校科技成果转化的研究受到国内学者的热切关注。而关键词"科技创新"和"政策工具"的突现率持续时间较长，两者分别是2016 年和 2017 年以来中文科技成果转化领域重要且仍在爆发期内的研究领域。说明"科技创新"和"政策工具"是我国当前科技成果转化研究的前沿热点问题（具体数据来源、研究方法、分析过程见附录1）。

对中外文成果转化（技术转移）政策的相关研究进行文献计量分析后发现，外文科技成果转化政策研究文献主要围绕技术转化不同主体的政策、技术转化政策的实施评价和技术转化政策协调不足问题这三个视角展开。未来一段时间内，技术转移的效应、技术转让办公室以及学术创业生态系统的研究仍是外文科技成果转化政策研究的热点内容。此外，由于中文成果转化（技术转移）政策文献数量较少，CiteSpace 未能分析出突现词。但通过阅读高被引文献，总结出我国现阶段科技成果转化政策研究主要关注以下三个视角：我国科技成果转化的政策特征、科技成果转化的制度体系建设和科技成果转化政策的国际学习。文献计量结论明晰了本书在科技成果转化研究领域中的所属范畴，佐证了本书对于领域热点可能具有的贡献和意义。

科技成果转化是一个随时间的推移而相互作用的复杂过程。科学家们在微观层面的工作和行为是宏观层面的社会和经济成果的关键前因条件，但同时也受到宏观层面和中观层面条件的影响。同时，由于文化、地理、区域等因素影响，成果转化政策安排的理论适用性因地区而异。2000 年以后，技术转移的综合视角、新的企业、新的技术转移机制逐渐受到更多学者的关注。近年来，多层视角逐渐被引入科技成果转化研究领域，但既有研究成果数量较少，且多以理论分析和机制构建为主，实证研究的研究对象则基本集中在美国和欧洲地区，对于中国科技成果转化实践的多层视角关注呈匮乏状态。

本书以技术转移生态系统理论为理论基础，基于多层视角框架视角构建包含宏观制度—中观区域—微观组织三个层面的条件组态理论模型，探究我国的科技成果转化活动绩效。

# 第3章 基于多层视角的科技成果 转化政策组态模型构建

技术转移的宏观视角有着悠久的研究历史，源自经济学、管理学、公共政策、战略管理和企业家精神等一系列不同学科，为该领域奠定了深厚的实践基础和理论基础（Autio and Laamanen，1995；Bozeman，2000）。2010年之后，在丰富的宏观研究基础上，学者们逐渐开始关注其中观视角和微观视角（Cunningham and O'Reilly，2018）。近年来，技术转移转化的研究重点又发生一些变化，更关注非线性和新的技术转移转化机制（Feldman et al.，2002；Kolb and Wagner，2018）。多层视角就是其中之一（Zhang，2016；O'Kane et al.，2021）。

本章具体阐述我国科技成果转化政策的分类与演进历程，剖析我国科技成果转化政策驱动成果转化绩效的宏观层面的机理和中观层面及微观层面的条件以及相关核心变量的测度，构建适用于我国成果转化情境的基于多层视角的科技成果转化政策组态模型。

## 3.1 我国科技成果转化政策的分类及演变

### 3.1.1 我国科技成果转化政策的分类

罗斯韦尔和泽福德（Rothwell and Zegveld，1985）曾提出从供给面、需求面和环境面对科技政策进行分类。之后，埃尔加斯（Ergas，1987）

提出科技政策的经典分类：任务—扩散分类，即根据科技政策的指向进行类型划分，目前该分类方法已被逐渐引入科技成果转化政策领域（Alic，2001；贺俊，2017）。埃尔加斯（1987）将专注于技术生命周期早期阶段的少量技术的政策归为任务导向性政策（mission-oriented policy），在后期研究中被发展成为"往往具备刚性，即指向特定部门或技术部门，具有严格的时间限制和明确的目标的政策"（李发福，2008）；与之相对，扩散导向性政策（diffusion orientation）的目标是在生命周期的相对高级阶段提供更广泛的技术支持，被后来的学者发展为强调针对通用技术和共性技术的创新与扩散（Link，2010），"相应的政策工具对应提供较少的货币性补贴和高质量的成果转化"（贺俊，2017）。

坎特纳和皮卡（Cantner and Pyka，2001）在演进框架中发展了埃尔加斯（1987）的模型，提出直接分类法：市场邻近度—政策措施特色度二维法。市场临近度（market vicinity）表示对基础研究或应用研究的接近程度，政策特色度（specificity of a policy measure）表示政策方案准确描述研究目标的程度，是相当精确还是相当开放。具有相对高度特异性的政策方案是任务型的，即对某一技术或技术领域的技术目标和经济应用进行较为明确的描述，并据此设计相应的政策措施。他们将不同领域的科技政策分为基础 I 类、愿景基础 II 类、扩散导向类和任务导向类四种。基础 I 类是狭义的（in narrow sense）基础研究，即没有商业导向的科技政策；基础 II 类表示公共资金与一定程度的技术专用性相结合的政策领域，因为这些领域有很大的发展潜力，相关的技术政策是与技术愿景或期望相结合的，政策干预的目的是进一步推广这些技术，使其在未来能更接近市场；技术扩散政策是指技术专用性较低，即没有具体说明要追求的技术或要达到的经济应用，允许以扩散导向推进广泛异构技术的政策；任务导向政策则是具有较高专用性的政策方案。国内研究中，贺俊（2017）在阐述产业政策工具选择时指出应强化服务性产业政策，弱化货币性产业政策，提出构建包括科技基础设施、技术扩散服务体系和共性技术研发服务体系三个子体系的科技服务体系，促进战略性技术、通用技术和共性技术的供给、扩散以及应用，提升企业技术创新能力。

胡振亚（2012）依据主体类别将科技成果转化的实施主体划分为成果

所有者、成果使用者、中介转化者，从而按形式和内容的差别，把科技成果转化政策的类型概括为四种：投入激励型、利益激励型、责任激励型和观念激励型。其他国内学者主要从政策工具的功能或内容角度对我国科技成果转化政策进行分类。如卢章平和王晓晶（2013）将科技成果转化政策划分为政府资助政策、权益归属政策、奖励政策和税收优惠政策四个类目。王永杰和张善从（2018）从技术权益、资金投入、科技成果相关信息、科技中介服务、人才、转化基地、转化法律责任、税收、知识产权保护与管理、产业集群发展、高校和科研院所产业管理等多个维度对成果转化政策进行阐述。杜宝贵和张焕涛（2018）依据政策内容体系维度将我国科技成果转化政策划分为政府资助类政策、基础平台类政策、税收优惠类政策、权益归属类政策、奖励类政策和综合类政策等。也有学者从过程角度对科技成果转化政策进行分类，如张振刚和魏玉媛（2020）在微观层面上依照科技成果的三个阶段，即形成阶段、商品化阶段和产业化阶段划分出相对应的财税金融政策工具，包括资金资助、权益归属、成果奖励、税收优惠和融资支持等内容。

综上，既有研究对于科技成果转化政策的分类主要是依据政策主体、政策目标、政策执行对象或转化过程进行划分。本书基于现有研究，参考埃尔加斯（1987）的目标型分类方法，综合考虑现有研究观点（Link，2010；贺俊，2017；李发福，2008），从支持指向性和扩散体系性角度考虑我国科技成果转化政策的供给特征。参考卢章平和王晓晶（2013）的研究，从税收优惠政策、财政资助政策和其他配套政策三大类目对科技成果转化政策进行分类。

## 3.1.2　我国科技成果转化政策的演进历程

1956年，国家发出"向科学进军"的号召，我国开始大力发展科学技术。在1978年全国科学大会上，国家明确指出科学技术就是生产力。1996年10月1日《中华人民共和国促进科技成果转化法》的颁布和正式实施，标志着我国科技成果转化步入法制化阶段。《中华人民共和国促进科技成果转化法》首次以法律形式对我国科技成果转化各主体的行为进行规范，并鼓励高校、研发机构与企业联合实施科技成果转化。

在此基础上，《关于优化科研管理提升科研绩效若干措施的通知》和《关于进一步完善中央财政科研项目资金管理等政策的若干意见》等一系列政策文件和改革措施的相继出台，进一步激发科研人员的创造性和创新活力，对我国科研经费管理进行优化。此外，涉及科研经费管理、成果权益、考核评价、转化促进、纪律监督等多方面的政策法规也陆续出台，如《中华人民共和国专利法》《关于加快培育和发展战略性新兴产业的决定》《关于充分发挥检察职能依法保障和促进科技创新的意见》《关于进一步加大授权力度促进科技成果转化的通知》等。

2021年4月出台的《关于深入推进全面创新改革工作的通知》提出促进技术要素市场体系建设，赋予科研人员对于职务科技成果的所有权和长期使用权，同时推进技术要素市场配置改革，构建科技成果转化尽职免责负面清单和容错机制，建设专业化科技成果转化机构以及技术经理人队伍，设立成果转化贷款风险补偿试点等措施。同年，国务院办公厅出台《关于改革完善中央财政科研经费管理的若干意见》和《关于完善科技成果评价机制的指导意见》，进一步对科研经费、人才激励、成果评价、知识产权等作出更加全面的规定。此外，中央全面深化改革委员会审议通过《科技体制改革三年攻坚方案（2021~2023年)》，进一步强调国家战略科技力量对实现高水平科技自立自强的重要作用。

综上可知，我国科技成果转化政策不断推陈出新，政策框架和体系逐步形成。一些学者为我国成果转化政策划分发展阶段，如廖翼等（2022）针对1996~2020年出台的科技成果转化政策，将其划分为三个阶段，分别为深化体制改革期、全面建设创新体系期和重点突破期。李胜会等（2021）对1978~2019年国家层面的政策文本进行分析，以科技成果转化活动市场化程度的描述为依据，将政策演变划分为四个阶段，分别为市场化萌芽阶段、法制化发展阶段、针对性强化阶段和系统化完善阶段。吴寿仁（2018）以改革开放40年为着手点，以10年为一个阶段将科技成果转化政策划分为四个阶段，分别是全面开花、全面深化、加速发展、重点突破。

对以上文献资料进行归纳，可将我国科技成果转化政策体系发展过

程划分为五个重要节点：1956 年，推出第一个科学技术发展愿景；1978
年，全国科学发展大会提出科学技术就是生产力；1996 年颁布《中华
人民共和国促进科技成果转化法》；2006 年出台《关于实施科技规划纲
要增强自主创新能力的决定》，确定企业的科技转化主导者地位；2015
年国务院印发实施修订后的《中华人民共和国促进科技成果转化法》，
促进研究开发机构、高等院校技术转移，激励科技人员创新创业。基于
此，本书将我国科技成果转化演变历程划分为五个阶段，分别为初步规
划阶段（1956～1977 年）、结构调整阶段（1978～1995 年）、法制化发
展阶段（1996～2005 年）、深层次强化阶段（2006～2014 年）和体制
完善阶段（2015 年至今），见图 3－1。

**图 3－1　我国科技成果转化政策演进阶段示意图**
资料来源：根据文献资料整理得到。

### 1. 初步规划阶段（1956～1977 年）

1956 年，我国制定第一个科学技术发展愿景规划——《1956～1967
年科学技术发展远景规划》，发出"向科学进军"的号召，大力推进工业
化建设，发展国防科技，促进中国科学技术事业的发展，代表着中国科学
技术的发展道路由此开始，科学技术体制改革进入新时期。1963 年制定
的第二个国家科学技术长远发展规划——《1963～1972 年科学技术发展
规划纲要》，并于同年进一步颁布《发明奖励条例》和《技术改进奖励条
例》，鼓励发明创造。1975 年颁布的《中国科学院工作汇报提纲》和《关
于加快工业发展的若干问题》是对加强科学研究和技术改造进行的经验教
训的总结。

这一阶段的政策尚未明确以促进技术发展各主体之间的关系以及作用
为政策目标，强调的是科学技术的发展以及对现有技术进行改造。国家出
台各项法规政策以初步构建良好的科学技术发展环境，有利于推动高新技
术人才进行研发和技术改造。代表性政策和目标如表 3－1 所示。

表 3 – 1                          初步规划阶段代表性政策及主要目标

| 年份 | 代表性政策 | 政策目标 |
|---|---|---|
| 1956 | 《1956～1967年科学技术发展远景规划》 | 确定"重点发展，迎头赶上"的指导方针 |
| 1963 | 《1963～1972年科学技术发展规划纲要》 | 提出"科学技术现代化是实现农业、工业、国防和科学技术现代化的关键"的新认识 |
| 1975 | 《中国科学院工作汇报提纲》和《关于加快工业发展的若干问题》 | 加强科学研究和技术改造，总结经验教训 |

资料来源：根据文献资料整理得到。

2. 结构调整阶段（1978～1995年）

1978年，在全国科学大会上，邓小平明确指出科学技术现代化的重要性，重申"科学技术就是生产力"，形成了让社会形成敬仰人才、尊重科学技术的氛围①。通过科技体制改革、国家科技计划的制定以及工业技术政策的制定和实施，促进科技与经济结合。《1978～1985年全国科学技术发展规划纲要》提出"全面安排，突出重点"的指导方针。1985年中共中央公布《关于科学技术体制改革的决定》，指出"面向、依靠"指导思想，重视科技现代化，点明技术经济不分家，强调科学技术要与经济协作紧密结合，使科技成果迅速投入生产销售，促进科技与经济发展②。此后，国家相继出台配套政策，通过实行专业技术职务聘任制、规范科技奖励制度等举措，激发科技人才创新积极性。1992年出台《关于分流人才、调整结构、进一步深化科技体制改革的若干意见》，明确指出科技人员对国家建设的重要性，同时鼓励技术开发机构、社会公益机构和科技服务机构面向社会、面向经济建设。大多数技术开发机构逐步由事业法人转变为企业法人。

该阶段的政策主要关注技术人才的重要性，强调提高科技人员的积极性，提升行业竞争力，同时以市场为导向，将技术与经济结合，将科学技术转化为生产力，从而增强综合国力。结构调整阶段代表性政策及主要目标如表3 – 2所示。

---

① 鹿娜，梁丽萍. 科技政策演变与科技成果产出的关联研究（1978 – 2016）[J]. 武汉理工大学学报, 2016, 29 (6): 1178 – 1184.

② 彭富国. 中国科技政策发展阶段研究 [J]. 湖南社会科学, 2006 (6): 25 – 28.

表 3 - 2　　　　　　　结构调整阶段代表性政策及主要目标

| 年份 | 代表性政策 | 政策目标 |
|---|---|---|
| 1978 | 《1978～1985 年全国科学技术发展规划纲要》 | 确定"全面安排，突出重点"的指导方针 |
| 1985 | 《关于科学技术体制改革的决定》 | 指出"面向—依靠"指导思想；强调科学技术要与经济相互协作、紧密结合 |
| 1986 | 《国家高技术研究发展计划》 | 坚持"有限目标，突出重点" |
| 1987 | 《中华人民共和国技术合同法》 | 规定技术开发、转让、咨询和服务等各种技术交易的基本规范和准则 |
| 1992 | 《关于分流人才、调整结构、进一步深化科技体制改革的若干意见》 | 指出科技人员对国家建设的重要性 |
| 1993 | 《中华人民共和国科学技术进步法》 | 建立适应社会主义市场经济发展，符合科技自身发展规律，科技与经济密切结合的新型体制，促进科技进步，攀登科技高峰，以实现经济、科技和社会的综合协调发展 |
| 1995 | 《中共中央 国务院关于加速科学技术进步的决定》 | 落实"科学技术是第一生产力"的思想 |

资料来源：根据文献资料整理得到。

## 3. 法制化发展阶段（1996～2005 年）

《中华人民共和国促进科技成果转化法》是科技成果转化政策立法的开端，促进我国科技成果转化步入法制化阶段。该法规是我国第一次从法律角度为规范科技成果转化活动、推动经济建设和社会发展制定的政策性文本。在此阶段，科技政策目标以促进成果转化为中心[①]。《中华人民共和国促进科技成果转化法》的颁布规范了科技成果转化各主体的行为，表明国家对科技成果转化的重视，并得到自上而下、由国家到省级政府的响应。国际企业孵化器、高新技术产业开发区、基金机构等组织应运而生。1999 年出台的《关于促进科技成果转化的若干规定》《关于加强技术创新、发展高科技、实现产业化的决定》鼓励科研机构、高等学校及科技人

---

① 吴寿仁. 中国科技成果转化 40 年 [J]. 中国科技论坛, 2018 (10): 1 - 15.

员研究开发高新技术，转化科技成果，发展高新技术产业①。此后推出一系列税收政策，如《关于促进科技成果转化有关税收政策的通知》《关于促进科技成果转化有关个人所得税问题的通知》等，并实施奖励制度，鼓励科技人员致力于成果转化。

在这一阶段，科技政策的关注点不再单单聚焦于科技人才，而是强调高校和企业在科技成果转化中的重要性。法制化发展阶段代表性政策及主要目标见表 3 - 3。

表 3 - 3　　　　　　法制化发展阶段代表性政策及主要目标

| 年份 | 代表性政策 | 政策目标 |
|---|---|---|
| 1996 | 《中华人民共和国促进科技成果转化法》 | 促进科技成果转化为现实生产力，规范科技成果转化活动；加速科学技术进步，推动经济建设和社会发展 |
| 1999 | 《关于促进科技成果转化的若干规定》 | 鼓励高新技术研究开发和成果转让，保障高新技术企业经营自主权，为高新技术成果转化创造环境条件 |
| 1999 | 《关于加强技术创新、发展高科技、实现产业化的决定》 | 鼓励科研机构、高等学校及其科技人员研究开发高新技术，转化科技成果，发展高新技术产业 |

资料来源：根据文献资料整理得到。

### 4. 深层次强化阶段（2006~2014 年）

2006 年初，中共中央召开国家科学技术大会，发布《国家中长期科学和技术发展规划纲要》，全方位对国家自主创新作出总体布局，进一步为建立科技成果转化提供良好的环境②。科技发展战略开始以自主创新为导向，以建设创新型国家为目标。《关于实施科技规划纲要增强自主创新能力的决定》确立了企业作为科技转化的主导者地位，此后颁布的政策都以企业作为科技成果转化的主体展开。《关于印发"技术创新引导工程"实施方案的通知》提到，目标是实施"技术创新引导工程"，引导企业形成拥有自主知识产权、自主品牌和持续创新能力的创新型企业。2008 年发布的《关于推动产业技术创新战略联盟构建的指导意见》提倡开展产学

①　刘凤朝，孙玉涛. 我国科技政策向创新政策演变的过程、趋势与建议——基于我国 289 项创新政策的实证分析 [J]. 中国软科学，2007，(5)：34 - 42.
②　朱云欢，张明喜. 我国科技成果转化绩效评价及相关问题研究——基于各省数据的 DEA 分析 [J]. 科技与经济，2011，24 (2)：1 - 5.

研合作创新模式，促进经济与技术的结合，此后这一模式被广泛采用。

在这些政策的基础上，国家科技创新政策体系逐步涵盖科研机构、大学和企业等科技主体的各创新环节，具体措施包括税收优惠政策、科技计划、推进资本市场发展、设立基金等。助推高校、企业、中介机构各司其职，紧密联合，营造良好氛围，推动科技成果转化。

在这一阶段，政府目标是发展自主创新，通过加大财政投入、金融扶持等方式推进科技成果转化。推进科研机构的建设与完善，加快科技服务平台的建立，解决信息不对称等问题也是这一政策阶段的主要目标。深层次强化阶段代表性政策及主要目标见表3-4。

**表3-4　　　　深层次强化阶段代表性政策及主要目标**

| 年份 | 代表政策 | 政策目标 |
|---|---|---|
| 2006 | 《国家中长期科学和技术发展规划纲要》 | 以自主创新为导向，以建设创新型国家为目标 |
| 2006 | 《关于实施科技规划纲要增强自主创新能力的决定》 | 建设创新型国家，核心是把增强自主创新能力作为发展科学技术的战略基点，推动科学技术的跨越式发展 |
| 2008 | 《关于推动产业技术创新战略联盟构建的指导意见》 | 开展产学研合作创新模式，促进经济与技术的结合 |

资料来源：根据文献资料整理得到。

### 5. 体制完善阶段（2015年至今）

2015年，国家颁布《深化科技体制改革实施方案》，针对科技成果转化、研发费用、经费管理等方面出台一系列政策。2016年，国务院印发实施修订后的《中华人民共和国促进科技成果转化法》，明确指出要促进研究开发机构、高等院校技术转移，激励科技人员创新创业。2017年国务院印发《国家技术转移体系建设方案》，随后各地方政府也纷纷制定区域性成果转化条例或贯彻落实相关文件以推进科技成果转化。

在这一阶段，创新政策的制定以进一步促进科技成果转化为重点目标，对科技成果转化各环节都作出具体性规定，同时将科技成果处置权等权利下放到高校，允许科研机构通过交易的方式进行资产处置。体制完善阶段代表性政策及主要目标见表3-5。

表 3－5                      体制完善阶段代表性政策及主要目标

| 年份 | 代表政策 | 政策目标 |
|------|----------|----------|
| 2015 | 《中华人民共和国促进科技成果转化法》等若干规定 | 促进研究开发机构、高等院校技术转移、激励科技人员创新创业 |
| 2017 | 《国家技术转移体系建设方案》 | 为深入落实《中华人民共和国促进科技成果转化法》，加快建设和完善国家技术转移体系 |

资料来源：根据文献资料整理得到。

# 3.2 科技成果转化政策驱动成果转化绩效的机理

## 3.2.1 政策工具

在宏观层面上，科技成果转化的基本政策工具可以划分为供给、环境和需求三种类型（张振刚和魏玉媛，2020）。供给型政策工具和需求型政策工具对科技成果转化起直接推动作用，环境型政策工具起间接影响作用。供给型政策工具主要指政府通过对信息、技术、人才、资金等的支持直接扩大供给，推动科技成果转化，具体包括基础设施建设、资金投入、科技信息支持等。需求型政策工具更多指政府通过采购、贸易管制和服务外包等措施减少市场的不确定性，积极开拓并稳定科技成果转化市场，从而拉动科技成果的转化与利用。环境型政策工具主要指政策对科技成果转化的影响，具体如政府通过税收优惠、财务金融、目标规划、法规管制等政策影响科技成果转化的环境条件，为科技成果转化提供有利的政策环境，间接促进科技成果转化。

在微观层面上，本书参考卢章平和王晓晶（2013）的研究，将科技成果转化政策划分为税收政策、财政政策和其他配套政策，下面将分别阐释成果转化政策对于绩效的作用。

1. 税收政策

在促进科技成果转化的效果上，税收政策（税收刺激政策、税收优惠政策）的作用很显著（Rothwell and Zegveld，1985；蔺洁等，2015；马江娜等，2017）。较高的个人所得税率通常导致较高的新公司创立的可能性，而较高的公司税率会降低新公司成立的可能性（Egger et al.，2009）。个人所得税和公司税之间存在的税收差距能抵消信息不对称导致的企业财务决策扭曲，有利于股权融资（Fuest et al.，2002）。总体而言，税收制度能促进企业家更多地投入到创业型研发项目中（Haufer et al.，2014），研发税收抵免和企业税收减免都能增加专利申请的数量（Ernst and Spengel，2011）。

许多国家政府通过税收优惠政策促进科技成果转化，如经济合作与发展组织（OECD）国家对小企业降低所得税率，要求低于一定的门槛（OECD，2010）。美国政府制定法规给予技术转移企业税收优惠，针对研发活动的不同阶段给予税收减免；法国制定国防科研税收减免制度；韩国则颁布新技术推广投资税收优惠和企业法人技术转让税收减免政策（廖晓东、张跃，2019）。

2. 财政政策

1985年，保罗（Paul）就提出企业R&D决策的简单模型，提出了研发补贴提升企业技术创新的机理分析框架。在技术转移领域，学者们发现由于大学和创业公司的技术发明通常来自前沿科学领域，处于生命周期的萌芽阶段，在概念验证、工业化和商业化方面涉及相当高的风险（Colyvas et al.，2002），高度的信息不对称性和不确定性导致外部投资者很难预先评估技术发明的质量、商业前景或监控创业者（Siegel et al.，2007），这些问题的存在降低了外部资金提供者为大学技术和初创企业提供资金的意愿。此时，直接财政支持是技术转移（成果转化）公共政策干预的普遍做法，如补贴或商业化赠款、对大学孵化器或科技园的财政支持等（Haufer et al.，2014；Kochenkova et al.，2015；陈柏强、黄婧涵，2022）。我国学者李宇智等（2017）通过对安徽生物医药领域科技发展政策的分析，以安徽亳州医药企业为案例展开研究，发现财政支持对于科技成果转化绩效具有重要作用。

3. 配套政策

科技成果转化的配套政策也是现有研究广泛关注的方面，主要包括知识产权归属政策和激励政策。知识产权归属政策有利于创业者保护其创意，保证他们在创意被模仿之前有更多的时间培育和发展相关项目（WIPO，

2004）。在美国，旨在解决科技成果转化的知识产权归属问题的《拜杜法案》是公认的加速美国大学技术转移转化的重要转折点（Grimaldi et al.，2011）。《拜杜法案》的核心内容是规定在联邦政府经费支持下完成的科研成果所有权隶属于研究单位，联邦政府仅保留对其优先使用的权力。该法案为加快技术转移转化提供前提保障，触发了相关社会网络的发展，也使得研究者们更为关注科研成果的商业化前景（黄传慧等，2011）。此后，欧洲各国纷纷出台类似的大学技术转让立法，主要研究型大学都开始设立技术转让办公室，并越来越重视学术专利和成果许可（Baldini et al.，2006；So et al.，2008），对各国科技成果转化起到积极作用。

除知识产权相关政策法规之外，围绕金融、人才、创业等其他要素的激励政策也有利于技术转移绩效。如刺激金融市场发展的政策提高了风险投资家向早期技术注资的可能性，对于高科技创业起到重要促进作用（Van Looy et al.，2003）；促进大学追求技术商业化的激励政策提高了大学发展衍生企业的可能性（Goldfarb and Henrekson，2003）；帮助企业吸引人才的政策制度能缓解企业面临的熟练工人或专业人才的缺乏问题，从而提升技术转移转化绩效（Toner，2011）。我国学者殷群等（2016）通过实证研究证实户籍管理、人事关系和人事档案方面鼓励人才流动的政策以及诸如考核、晋升、提级和评定职称的人才优惠政策有利于大学科技园吸引人才，进而促进科技成果转化。

### 3.2.2　政策层级

政策层级是影响科技成果转化政策成效的重要条件之一。国内学者对科技政策的层级作出描述，如汪涛、谢宁宁（2013）根据政策在同一政策群中所发挥作用的不同，将科技创新政策划分为根政策、干政策和枝政策三个层级。根政策是最高层面的政策，指与国家长远发展相关的宏观战略层面的政策，具有前瞻性和指导意义，如国家发展的总体目标、理念和战略部署；干政策是中观层面的政策，指根据根政策提出的总体目标、理念和战略部署设置的某一区域或某一领域的发展方向、目标及部署；而枝政策则是微观执行层面的，根据干政策提出的区域或领域目标制订的落实性策略，专注于各种具体的政策工具如何协同运用。杜宝贵、张焕涛

（2018）从我国行政组织架构出发，把我国成果转化政策组织体系描述为"三层架构"体系，即国家层面、部委层面和省级/地方政府层面，并指出这三个政策层面间具有自上而下、层层推进的关系，特征为条块结合、梯度明显。这种具有中国特色的"条块结合"的政策组织体系能提高政策落实效率，确保政策顺利下行。但是由于这种政策组织体系使得省级/地方受到上级省政府和职能部门的双重领导，容易发生"政策打架"现象。

本书在采纳现有研究观点的基础上，将我国科技成果转化政策分为宏观规划层面政策、中观区域层面政策和微观执行层面政策。

### 1. 宏观规划层面政策

国家层面的科技成果转化政策是宏观规划层面的政策，是与国家长远发展相关的宏观战略层面的政策，具有前瞻性和指导意义，包括国家对于科技成果转化发展的总体目标、理念和战略部署等。如《1956～1967 年科学技术发展远景规划》《1963～1972 年科学技术发展规划纲要》《1978～1985 年全国科学技术发展规划纲要》，以及 2006 年发布的《国家中长期科学和技术发展规划纲要》等。

宏观规划层面政策是决定区域（地方）政策在法律能力、独立性和财政资源等方面对创新政策产生影响的根本因素（Baier et al.，2013）。宏观政策框架决定国家科学研究和创新系统的集中程度（Prange，2008）、资金来源的分散程度以及资金来源的多样性（Klagge and Martin，2005）等，这些要素对创新政策效应具有重要的影响。

由于企业在分散的系统中更容易建立联系，分散化的系统设置能促进区域和地方层面的创新发生，如分散的资金体系更有利于产学研合作的发生（Bercovitz and Feldman，2006），扩散型的创新系统更有利于科技成果转化软环境的建设（Link，2010）。有学者通过实证分析发现由中央政府（联邦政府）分配研究资金的政策体系（如英国和法国）与由省级政府（各州政府）分配大量科研资金的政策体系（如美国和德国）相比，后者对企业的反应比前者更快速。

### 2. 中观区域层面政策

区域/地方的科技成果转化政策是中观区域层面的政策，是根据宏观层面政策提出的总体目标、理念和战略部署设置的某一区域或某一领域的科技成果转化的发展方向、目标及部署。如北京市人民政府印发的《北京市促进科技成果转移转化行动方案》、广东省颁布的《广东省人民政府办公厅关于进一步促进科技成果转移转化的实施意见》、江苏省颁布的《省政府办公厅关于印发江苏省促进科技成果转移转化行动方案的通知》、浙江省颁布的《浙江省促进科技成果转化条例》等。

科技政策具有空间属性，表现为科技政策在不同空间维度上的作用有所差异，地理学研究科技政策的独特视角之一便是从空间的角度出发，对科技政策进行研究（郝莹莹，2007）。区域背景下的文化、社会和制度特征都对创新活动和知识技术的转移有重要影响，因此创新和科技成果转化活动在不同地区之间有很大差异。首先，不同地区的创新绩效、产业专业化模式、成果转化模式可能存在差异（Howells，1999；Breschi，2000）；其次，创新和转化过程的关键因素通常受空间限制（Audretsch and Feldman，1996），对成功创新和转化尤为重要的隐性知识同样强调区域空间维度（Todtling and Trippl，2005）；最后，支持性的区域资源配置政策是促进学术创业和成果转化的重要催化剂，同样受制于空间维度。

尽管空间维度是科技政策效果的重要评价指标，但现有研究发现，完全分散的政策设计会降低成果转化政策的有效性（Vaananen，2003）。这是因为在多个层面同时执行的一系列公共政策可能会在不同的行为者和利益相关者之间造成混淆（Rasmussen，2008），导致财政资源的分散和各种项目和计划之间的高度重叠，降低政策的有效性（Vaananen，2003）。因此，为避免政策执行和资源分配中的碎片化风险，政策制定时要考虑每个政策支持机制的具体目标，明确其政策性质，以便实现最有效的结果（Isabel et al.，2008；杜根旺、汪涛，2019）。

3. 微观执行层面政策

微观执行层面的科技成果转化政策是根据中观区域层面政策提出的区域或领域目标制定的落实性策略，多为部门性规章、规范性文件，专注于各种具体的政策工具如何协同运用，如《北京市关于落实完善科技成果评价机制的实施意见》《关于推动北京市技术经理人队伍建设工作方案》《江苏省科技成果转化专项资金项目管理办法》《浙江省扩大赋予科研人员职务科技成果所有权或长期使用权试点范围实施方案》等。

### 3.2.3　政策特征

#### 1. 我国科技成果转化政策的供给特征

如前文所述，科技成果转化政策研究源于早期对科技政策的研究。埃尔加斯引入任务型和扩散型政策设计概念，对国家创新系统进行分类和分析。他认为，任务型系统的特点是政策支持集中于少量技术和大企业中，而扩散型系统的政策通过建设科学基础设施，促成技术转让和合作以提高经济的创新能力（1987）。

创新过程是进化迭代的探索和实验过程，成功的创新扩散是在集体发明过程中，参与者在创新过程中相互影响，最终推动技术变革（Nuvolari，2004）。扩散型技术政策没有明确的指向，因而有助于维持适当的异质性，有利于创新绩效（Cantner and Pyka，2001）。除了行为者的能力、教育和技能这些最重要的因素之外，技术诀窍的产生和传播还需要吸收能力（Rothaermel and Thursby，2005）。在扩散型政策下，社会或公共部门组建的公共跨组织机构能促进工作沟通（Mariana，2016），从而提升个人和组织的吸收和接收能力。林克（Link，2010）指出，政府在参与既具创新性又具创业风险的事务时，应当扮演"企业家角色"，提供技术基础设施，从包含政策、法制、人文、经济等外部因素和条件所代表的软环境出发，建设成果转化友好环境。

与扩散型政策不同，以任务导向为主的技术政策倾向于特定的发展道路，具有明确的指向。虽然任务导向型技术政策难以带来替代技术，但它能够通过交叉施肥效应，将看似不相关的技术整合在一起（Cantner and Pyka，2001），因此也能带来技术进步。此外，任务导向的政策能将财政补贴、税收优惠等货币性的政策资源导向通用技术和共性技术，促进资源配置标准指向新"技术"（贺俊，2017），从而引导市场向创新性领域投资，改善创新效应。

国内学者探讨了我国科技成果转化政策供给特点的建设方向。如"应弱化科技政策对特定部门的指向，强调针对通用技术和共性技术的创新与扩散，提供较少的货币性补贴并提供高质量的成果转化"（贺俊，2017），应以投入为主导特点，发展需求主导型成果转化政策（李春成、和金生，

2009），发挥公共领域成果转化机构的基础性、非营利性服务作用，建立成果转化市场自发秩序（贾宝林等，2011）。

2. 我国科技成果转化政策的协调特征

多个政策的协调实施是实现国家创新目标与活动对接的基础（Isabel et al.，2008），具有一致性和连贯性特征的政策组合能促进创新。学者分析斯坦福大学 1968～1982 年的生命科学技术转移项目后提出，具有支持模糊性和灵活性的政策促进了技术转移惯例机制的产生（Colyvas，2007）；发达国家科技政策具有的包容性特征对科技创新具有正面效果（Sandra，2017）。汪涛等（2011）从连续性、互补性、交叉性、矛盾性和缺失性五个方面对我国创新政策工具进行协调程度的描述，其中连续性指政策工具可持续出现，无中断现象；互补性指不同政策工具的功能能够相互配合；交叉性指不同政策工具之间在内容上相同或者相似；矛盾性指政策工具在内容上相互冲突或相互否定；缺失性则指该有的政策工具没有出现。

政策的执行过程发生在内外环境的快速变化之中。公众参与科技政策的制定（尚智丛、杨萌，2013；贺俊，2017）有利于提高科技政策绩效及创新发展。除建立合理的系统结构和规范的运行模式，科技政策需与动态复杂的外部环境相匹配，具有执行柔性以快速适应变化，促进科技创新。科技政策的柔性执行应具有多主体、多因素和多信息反馈途径的复杂系统特征（王宏起等，2013；郑宇冰等，2015）。

此外，文化也影响着民主政治发挥作用（Jasanoff，2005）。在中国，政策执行者在正式组织和社会关系网络的双重规范下执行政策，同时受制于以等级权威为基础的行动逻辑和以人缘情感为准则的行动逻辑（朱玉知，2012），而人缘情感准则取决于特定的文化背景。此外不同文化中的人们对于科学技术有不同的认知方式：在特定的国家和地区中，科学技术与社会传统和习俗交融，形成特定文化，确立了默认的认知方式（尚智丛、杨萌，2013）。因此，扎根于我国社会文化系统的科技政策设计与执行能确保各主体的合法权益与诉求，获得公众对政策的支持，进而提升政策效应。

# 3.3　科技成果政策驱动成果转化绩效的中观条件和微观条件

## 3.3.1　中观区域条件

科技创新活动的绩效与区域资源和禀赋条件息息相关（Perkmann et al.，2013；王斌、谭清美，2021）。基于现有研究，本书认为以大学为主的技术资源条件和区域特征是影响科技成果转化政策发挥作用的关键条件。

### 1. 大学资源

现有研究表明，与大学在地理位置上邻近对于技术转移的有效性非常重要。学术发明披露通常非常复杂，并且处于相当早期的技术发展阶段（Jensen and Thursby，2001），因此需要大学学者们的持续参与以翻译和推进关键的科学和技术信息（Agrawal，2006）。大学专利许可、大学专利引用量和围绕大学专利的知识流动随着距离的增加而减少，呈现出高度的本地化（Mowery and Ziedonis，2015）。合作者之间的旅行成本随着距离而增加也被认为是远距离科技成果转化数量降低的原因之一（Beise and Stahl，1999）。

也有学者持不同意见。如学者发现除非某项发明专利被多家外国公司授权使用，否则地理距离通常不对学术发明的商业化构成差异（Buenstorf and Schacht，2013）。初创企业可以通过地方大学以外的研究项目和技术支持满足其技术需求（Zucker and Darby，2001），高度创新的行业前沿公司会建立全球研究网络，在全球范围内寻求卓越的学术成果进行合作（Laursen et al.，2011）。调和上述两种观点的研究认为，处于同一地理位置的大学，尤其是公立大学，的确为企业提供了更多的引用专利，但是超过一定距离之后，地理邻近性对技术转让的影响大幅减弱，比如，2000公里以外的大学的专利引用与 50 公里以外的大学专利引用并没有太多区别（Mukherji and Silberman，2019）。

地理维度之外，大学的类型、质量、学科设置特征等也被认为是提升区域内技术转让的有效性条件。

2. 区域特征

区域特征或性质与地理位置的关系交织在一起。许多学者认为，技术转移有效的途径因区域而异。经济更为发达、创新活动水平较高、拥有先进创新生态系统地区的许可协议的数量通常更多，企业需求更旺盛，也更可能受益于技术转让，从而区域的技术转移绩效更好（梁树广，2018）；反之，企业主动嵌入区域环境条件也有助于企业提升技术转移绩效。

除了区域经济发展环境，区域技术条件也是影响地方科技成果转化绩效的重要因素。以高技术为导向的区域产业基础有助于地方大学的科技成果转化绩效（Friedman and Silberman，2003）。区域技术资源碎片化对科技成果转化绩效有抑制作用，但随着技术资源质量的提升该抑制作用会被缓解，而技术成果交易可显著改善技术资源碎片化的负面影响（王斌和谭清美，2021）。

## 3.3.2 微观组织条件

微观组织条件对于组织的科技创新活动具有重要影响（Hitt et al.，1991；Battistella et al.，2016）。基于现有研究，本书认为组织特征和管理者行为是影响科技成果转化政策发挥效应的关键条件。根据科技成果转化四螺旋主体理论，政府、大学、中介机构和企业是关键的成果转化主体，在本书中政府政策被视为宏观条件，大学的数量和质量等被视为中观区域条件，因此在微观组织选择上本书仅考虑中介机构和企业。

1. 主体特征

（1）中介机构实力。技术转移中介机构的本质是代理、介质或桥梁，可能参与也可能不参与技术或知识转让过程。作为第三方代理，技术转移机构承担技术转移提供方和接受方之间的促进及调解作用，以优化关系环境的发展，并以支持关键性过程的发展为目的，解决制约性问题（Battistella et al.，2016）。由于在参与者和转移内容之间提供了桥梁，技术转移机构促进了各主体间的联系，协调不同组织之间的合作，使新知识和技术的集成成为可能，对于支持创新至关重要（Howells，2006）。有关中介机构在技术转让中的作用的研究通常强调技术转移中介的两个一般角色：中介（代理、桥梁）和服务提供者（创新咨询服务）。

从 2000 年开始的大量研究探索了技术转移中介机构的实力对成果转化的影响。技术转移中介机构的创立年份、规模（Powers，2003）、组织结构（Bercovitz et al.，2001）、能力和资源等（O'Shea et al.，2005；Siegel et al.，2003）都对技术转移有效性产生影响。人力资源是技术转移成功的核心，由于技术转让活动在本质上是跨学科的，技术转移中介机构的人员组成必须是包含科学、技术、商业和法律等技能的人员，以形成能力互补的技术员工库（Abreu and Grinevich，2013）。拥有技术背景的技术转移工作人员在总员工中的比例是影响技术转移绩效的重要因素之一（Jefferson et al.，2017）。规模较小的技术转移机构拥有的资源（财力和人力）通常有限，导致其缺乏广泛的管理与技术技能和市场知识，无法有效与多个基于社会的创新用户利益相关者进行合作（Carayannis and Campbell，2009；Siegel et al.，2007），从而导致学术界和企业对技术转让的能力提出质疑，并对其技术商业化水平和成果产生不利影响（Siegel et al.，2007）。

（2）企业实力。已有研究对于组织规模影响组织的技术转移机制有一定的共识（Nepelski and Piroli，2018）。更大的组织拥有更复杂和多样化的资源和能力，同时也能承受更大的创新损失，或拥有更大的业务量，因此能承担更大的风险（Hitt et al.，1991）。也有学者认为，公司年龄和组织规模等基本背景特征通常是复杂的行政结构和内部惯性的来源（Camison-Zornoza et al.，2004），可能会妨碍外部学习的协调和沟通，降低对外部获得的技术的适应性，从而降低转化绩效。

2. 管理者行为

（1）技术人才身份自洽（一致性）。成果转化（技术转移转化）始于技术转移之前的明确探索，有效的技术转移需要重复和密集的互动（Eapen，2012）。而技术转移多发生在个体层面，往往不是系统性行为（Maine and Garnsey，2006）。一方面，有效的沟通需要知识和技能的分享，共享的价值和愿景促进人员间相互理解，促成了整合不同参与者知识的基本机制，从而实现组织内部的有效沟通。另一方面，文化因素影响寻求和分享知识的方式，从而影响人员对采用新技术的态度（Steers et al.，2008）和对技术转移的认知（Van Wijk et al.，2008），在操作实践和工作方式上的相似性认知亦能促进知识转移（Lane et al.，2001）。

现有成果转化系统中人力资源因素的研究主要考虑参与技术转移的不同阶段的人员的知识、技能和能力，但组织设计中的人员因素绝不限于人力资本，还包括人员之间的任务分配、身份（Foss et al.，2015）、文化（Battistella et al.，2016）。技术转移中介机构中技术人员的个人身份与他们在工作中的组织身份自洽的程度及其发展会影响技术转移的成效（Stets and Burke，2000；叶晓晴等，2020）。因此，管理人员需致力于将成员及组织融入整体的技术转移系统中，关注目标、活动、结构和跨不同元素的人员的一致性（Good et al.，2019）。

（2）企业研发投入。企业进行创新活动的途径有两种：一是持续的内部投资，二是购买外部技术资源。两种途径都涉及创新投入，即研发投入。研发投入是企业决策者在促进企业创新中发挥作用的主要方式。企业的研发支出不仅在企业内部产生新的知识和发明，而且也能加强企业与外部资源的联系，从而提高企业从竞争对手、政府和大学实验室中吸收和利用现有知识的能力（Pandza and Holt，2007）。尽管衡量绩效的指标各不相同，研发投入对企业创新绩效的重要作用已经在许多实证研究中被证实（Cohen and Levinthal，1990；李培楠等，2019）。

# 3.4 核心变量的测度

## 3.4.1 科技成果转化政策的测度

对科技成果转化政策的测度可以追溯到对科技政策的测度。既有研究对于科技政策、创新政策的测度主要是两个视角：政策供给角度和政策协调角度。政策供给方面，埃尔加斯（1987）通过六个指标界定科技政策的指向性：技术所处的生命周期、研究机构受公共资助或私人资助的比例、教育系统的特定设计、合作研发的机会、标准化投入、军事投入比例。为具体衡量政策的所处类别，埃尔加斯给出了相应的高、中、低研发强度产业的研发公共资金占公共资金总额的比重、政府资助的 R&D 占政府资助总额的比重、国防相关研发支出在政府研发支出中的比重、教育体系是否注重工科院校的跨学科特点以及是否强调理论知识与实践技能的结合等具体程度指标。

政策协调方面，伊莎贝尔等（Isabel et al., 2008）从知识目标类型、支持类型和执行类型三个维度比较不同时期和不同国家的创新公共激励政策的协调形式。桑德拉（Sandra, 2017）从创新的四维框架评价科技政策的包容性：个人和团体参与各级创新过程、创新活动类型、创新的正负面结果（包括经济、社会和环境等层面）和创新体系治理。汪涛等（2011）从政策连续性、政策互补性、政策交叉性、政策缺失性及政策矛盾性五个维度研究我国高新区政策的协调状况。王宏起等（2013）用与环境的动态适应性、不同维度之间的协调性和与其他政策的互补性三个指标评价我国企业创新的税收政策柔性。郑宇冰等（2015）认为，应从政策工具的灵活应用、政策执行的危机管理、随机多路径的信息反馈和政策学习四个方面界定科技政策的柔性执行。

综上所述，本书运用政策供给和政策协调两个维度描述科技成果转化政策的特征。

1. 政策供给

科技政策供给主要有任务型和扩散型两类。扩散型政策是具有指向模糊性，对行业或行业阶段的支持不清晰，以通用性技术扩散为主要目标的政策。

创新的发生和发展需要采用扩散型政策，因为异质性是创新的必要来源，而面向扩散的技术政策因为没有明确的指向性而有助于维持适当的异质性（Cantner and Pyka, 2001），从而提升创新效应。创新过程是进化迭代的探索和实验过程，成功的创新扩散是在集体发明过程中，参与者在创新过程的不同阶段相互影响，以及其中产生的"杂交效应"，提升了创新效应（Nuvolari, 2004）。扩散性科技成果转化政策由于指向模糊，往往以科技服务平台与基础设施的构建为目标，有利于推动和维持上述创新循环过程。

人力资源能力的提高也需要扩散型政策（Alic, 2001）。在后工业社会中，由于产品和生产过程不可分离，服务经济对劳动力的能力要求比制造业更高。除了行为者的能力、教育和技能这些因素外，技术诀窍的产生和传播还需要吸收能力（Rothaermel and Thursby，2005）。由社会或公共部门组建公共的跨组织机构能促进工作沟通，进而提升个人和组织的吸收和接收能力（Mariana，2016）。此外，与制造型经济相比，服务经济的知识创造速度快于知识学习的速度，以扩散和学习为主的政策能促进经济绩效不断提高。

以任务为导向的技术政策与扩散型政策正好相反，倾向于特定的发展道路，具有明确的产品、技术、行业或行业阶段指向。虽然任务型政策难以带来替代技术，但它能够通过交叉施肥效应，将看似不相关的技术整合在一起（Cantner and Pyka，2001），因而也能带来技术进步。贺俊（2017）指出，应强化通用技术导向型政策，致力于将税收优惠、财政补贴等货币性的政策资源导向共性技术和通用技术，强化资源配置指向新技术，因而任务型科技成果转化政策能引导市场向创新领域投资，进而改善创新的效应。

因此，在既有研究基础上（Ergas，1987；Link，2010；Alic，2001；贺俊，2017），本书拟通过指向性、特异性、支持性和体系性四个维度描述我国科技成果转化政策的供给特征。其中，指向性是指科技成果转化政策指向特定的行业或行业阶段的程度，以及指向具体的产品或技术的程度；特异性是指科技成果转化政策的目标清晰程度，是以扶持新兴产业为主要目标（如新能源、新材料、信息、生物等）还是以扶持基础产业为主要目标（如能源、原材料、交通运输等）；支持性指科技成果转化政策支持方向的清晰程度，即明确给予财政、补贴、税收、信息、服务等资源的支持程度；体系性指技术扩散系统如国家实验室、共性技术开发中心、专业或公共科技服务平台的体系建设完善程度。

2. 政策协调

科技成果转化政策在内容上种类繁多，围绕主政策建立健全配套政策，灵活运用各种政策工具（Guerzoni and Raiteri，2015）有利于与税收政策、金融政策等形成协同互补效应，提升科技成果转化绩效；面向不同对象、区域和层面的政策保持协调一致，能更有效地实现创新目标（Isabel et al.，2008；汪涛、李祎、汪樟发，2011）。

政策的执行过程是在内外环境的快速变化中进行的。王宏起等（2013）提出，在建立合理的系统结构和规范的运行模式的同时，科技政策需与动态复杂的外部环境相匹配，快速适应变化，才能有效促进科技创新。郑宇冰等（2015）指出，随机多路径的信息反馈机制能帮助避免政策制定主体、执行主体与目标群体间的信息不对称、信息沟通不畅或理解错误。在知识社会中，公共空间中充斥着各种相互矛盾、相互竞争的知识主张，尚智丛和杨萌（2013）提出应考虑普通民众在公共知识的生产、使用和解释过程中的参与作用，赢得公众对科技工作的理解和信任，提升科技成果转化政策效应。

此外，文化也影响着民主政治发挥作用（Jasanoff，2005）。政策执行者在正式组织和社会关系网络的双重制度规约下执行政策，同时受制于以等级权威为基础的行动逻辑和以人缘情感为准则的行动逻辑，而人缘情感准则取决于特定的文化背景（朱玉知，2012）；对于科学技术，不同文化中的人们有不同的认知方式，在特定的国家和地区中，科学技术与其社会传统和习俗交融，形成特定文化，确立了默认的认知方式（尚智丛、杨萌，2013），因此，扎根于社会文化系统的科技政策设计与执行才能确保各主体的合法权益与诉求，获得公众对政策的支持，进而提升科技成果转化效应。

为此，在既有研究基础上（Colyvas，2007；汪涛等，2011，2019；王宏起等，2013；郑宇冰等，2015；尚智丛、杨萌，2013），本书从适应灵活性、协调互补性、参与反馈性和文化科学性四个维度刻画我国科技成果转化政策的协调特征。其中，适应灵活性指科技成果转化政策内容根据外部经济、政治环境变化及时准确调整的程度；协调互补性指科技成果转化政策在内容上能及时妥善处理不同维度政策间交叉矛盾的程度；参与反馈性指政策制定与执行过程中公民全程参与和监督的程度，包括自身诉求的表达以及制定和执行过程中信息流动的随机多路径渠道的多元化及畅通程度；科学文化性指社会公民对前沿科技政策的理解，以及科技成果转化政策制定与执行过程中与国家和地方文化背景相契合的程度。

## 3.4.2　科技成果转化绩效及其衡量

许多文献提到科技成果转化绩效这一概念，但多聚焦于其评价指标的分析或指标体系的构建，而没有对这一概念给出清晰的定义。唐五湘（2017）指出，绩效可以解释为某种能力，也可以解释为某种结果，而结果既可以用绝对指标也可以用相对指标来表示；只以产出指标表示绩效时，"绩效 = 效果"；以产出指标和投入指标表示绩效时，"绩效 = 效率（投入产出比）"，从而提出科技成果转化绩效是科技成果转化活动（包括研究开发和技术创新等）的效率、效果或能力。大部分文献则从相对定性的角度来解读这一概念，认为科技成果转化绩效就是科技成果实现市场化（杨水利等，2019）或知识产出转化为现实生产力（刘家树、菅利荣，2011），或对市场和人力资本、对政治和经济、对社会价值等的效应（Bozeman，2000；2015），并进一步提出评价指标。

本书采纳博兹曼（2000）和唐五湘（2017）等学者的观点，认为科技成果转化绩效即科技成果转化活动的效率、效果或效应，可以用产出指标表示，也可以同时用投入指标和产出指标表示。

科技成果转化的绩效评价是了解科技成果转化效果的重要手段，对于提高科技成果转化效率有重要意义。既有研究对于科技成果转化绩效的评价主要可以概括为宏观、中观及微观三个层面，衡量指标各有不同。

*1. 宏观层面*

宏观及地区层面上，博兹曼等（2015）认为由于技术转让包括多个主体，而这些主体通常有多个目标，因此技术转让有多个效应标准，故科技成果转化的有效性应根据多种标准来考虑，包括出门标准（是否存在转移物）、市场影响、经济发展、政治优势、科技人力资本发展、机会成本、公共价值增加。公共价值标准衡量的是转让中介，尤其是公共转让中介追求的广泛公共利益目标的实现情况。一些文献采用代表"市场影响"的管理者主观感受的科技成果转化率（Aldridge and Audretsch，2011；蔡跃洲，2015）。石善冲（2003）从技术开发能力和科技成果转化能力两方面对工业科技成果转化评价指标体系进行系统与综合的研究，并以人均固定资产增值、新产品销售收入、高技术产品销售收入和技术进步贡献率四个指标表示科技成果转化活动所带来的社会效果、经济效果和技术进步。张明喜和郭戎（2013）重点选取与科技资源配置合理性和资源使用有效性相关联的指标对我国各地区科技成果转化绩效进行探讨。林芳芳和赵辉（2016）从技术市场成交额、新产品销售收入、新产品产值几个指标展开评价。

但也有学者从科技成果转化政策效应的视角对成果转化绩效进行评价，认为技术转移转化相关政策框架会增强或削弱行业或企业创新成果转化及商业化（Lo et al.，2005；Woolley and Rottner，2008；毛世平等，2019）。廖翼等（2022）认为科技成果转化政策效应体现在成果转移阶段的专利授权数量指标和成果转化阶段的技术市场成交额指标。王欣和杜宝贵（2022）认为，科技成果转化政策目标的价值导向在于凸显科技成果经济价值与市场价值，而技术市场是科技成果由供给主体向需求主体转移的交易活动场所，繁荣活跃的技术市场可以有力促进科技与经济融合，因此，技术市场成交额可以反映科技成果市场价值与科技成果转化的总体规模，且在科技成果转化评价中占据较高权重，可以作为科技成果转化成效的主要呈现形式。

2. 中观层面

美国大学技术管理者协会（the association of university technology managers，AUTM）自 1991 年开始对美国的大学、研究机构进行广泛调查，建立了一套评价体系，涵盖投入指标、知识产权数量和产出指标[①]。有学者指出衡量科技成果转化绩效就是衡量研发、制造、市场等部门知识资源的整合能力（Sony and Mark，1996）。唐五湘（2017）对 56 篇影响力较大的样本文献进行计量分析后指出，绩效既表现为能力，也指某种特定结果，强调在考察科技成果转化绩效的同时关注投入指标与产出指标，并列出了区域、行业、企业、高校、项目 5 种类型的科技成果转化绩效评价的主要指标，其中，区域、行业、企业、项目的科技成果转化绩效评价主要从产出和投入两方面进行评价，而高校的科技成果转化绩效评价多从产出、投入和能力三方面来评价。刘家树和菅利荣（2010）采用科技项目和专利拥有量作为投入指标，新产品销售收入作为产出指标评价了我国大中型企业的科技成果转化绩效。

表 3 - 6 列出了具有代表性的科技成果转化绩效衡量指标。

---

① AUTM：AUTM Licensing Activity Survey：FY2011［EB/OL］．http：//www.autm.net/.

表3-6 科技成果转化绩效衡量指标

| 研究层面 | 学者 | 研究对象/样本 | 绩效衡量主要指标 |
|---|---|---|---|
| 宏观及中观层面 | 博兹曼（2015） | 多主体技术转移转化 | 出门标准、市场影响、经济发展、政治优势、科技人力资本发展、机会成本、公共价值增加 |
| | 林芳芳、赵辉（2016） | 我国2004~2013年的科技成果转化效率 | 技术市场成交额、新产品销售收入、新产品产值 |
| | 张明喜、郭戎（2013） | 我国科技成果转化效率 | 重点选取与科技资源配置合理性和资源使用有效性相关联的指标 |
| | 廖翼等（2022） | 科技成果转化政策效应 | 专利授权数量、技术市场成交额 |
| | 王欣、杜宝贵（2022） | 科技成果转化政策效应 | 技术市场成交额 |
| | 石善冲（2003） | 工业科技成果转化 | 技术开发能力、科技成果转化能力 |
| 微观层面（企业\大学） | 美国 AUTM 指标体系（1991） | 大学、研究机构科技成果转化 | 投入指标：研发投入知识产权指标：发明披露和专利产出指标：新产品、新公司、许可和许可收入 |
| | 林青宁、毛世平（2022） | 2009~2017年9 959家涉农企业 | 技术服务收入、新产品销售收入 |
| | 刘家树、菅利荣（2011） | 大中型企业 | 投入指标：科技项目、专利拥有量产出指标：新产品销售收入 |
| | 唐五湘（2017） | 企业 | 投入指标：R&D活动人员、R&D经费、技术引进经费产出指标：产品销售收入、技术转让收入 |
| | Kim（2013） | 美国大学的技术转移效率 | 许可协议、许可收入、研发支出、初创企业 |
| | Anderson et al.（2007） | 53所高收入大学 | R&D经费、许可收入、许可证数量、执行的项目、启动企业的数量、专利发行 |
| | 涂小东等（2005） | 高校科技成果转化 | 科技成果转化潜力、科技成果转化实力、科技成果转化环境 |
| | 阎为民、周飞跃（2006） | 高校科技成果转化 | 转化潜力、成果转移、成果转化、转化环境 |
| | 钟卫、陈宝明（2018） | 高校科技成果转化 | 投入指标：专利、各类应用型科技成果；产出指标：技术转让、许可和作价投资 |

资料来源：根据现有文献整理得到。

3. 微观层面

从科技成果转移转化的不同主体对成果转化绩效进行衡量，主要包括大学、中介机构和企业三大主体。

（1）大学科技成果转化绩效衡量。国外研究中，有学者将新创企业数量、执行项目数量、许可协议数、许可收入、研发投入开支、专利发行数等作为指标，评估了 53 所高收入大学的技术转移转化绩效（Anderson et al.，2007）。从初创企业、许可协议数量、许可收入、研发支出等指标出发，研究了美国大学的技术转移转化效率（Kim，2013）。国内研究中，涂小东等（2005）提出从科技成果转化实力、科技成果转化潜力和科技成果转化环境三方面评价高等院校科技成果转化的绩效。阎为民和周飞跃（2006）利用模糊评价法从转化潜力、成果转移、成果转化、转化环境四方面研究了高校科技成果转化绩效指标体系。钟卫和陈宝明（2018）提炼出高校科技成果转化过程的投入要素和产出要素以衡量高校科技成果转化绩效，其中投入包括专利在内的各类应用型科技成果，产出为技术转让、许可和作价投资三种转化行为。

（2）中介机构科技成果转化绩效衡量。国内外研究中对技术转化中介机构的成果转化绩效一般采用出门标准（out-the-door，Siegel et al.，2003；Anderson et al.，2007；Heisey and Adelman，2011），这个标准是学者和从业者最常使用的，在许多情况下也是唯一的使用标准（Bozeman et al.，2015）。出门标准的主要假设是一旦技术进入正式或非正式的转让机制，而另一方获得了该技术，技术转让中介机构（例如实验室）就成功了。此时，获得技术的组织可能已经将其投入使用，也可能没有。有代表性的指标为技术市场成交额（Siegel et al.，2007；王欣、杜宝贵，2022）。

为规避技术转移的"出门标准"不足，即单独采用时，无法评价技术转让活动实现的在转让关系主体之外的经济和社会影响（Kingsley and Farmer，1997；Bozamen，2015），一些文献采用了科技成果转化率这一代表管理者主观感受的"市场影响"指标（Aldridge and Audretsch，2011；蔡跃洲，2015）。

（3）企业科技成果转化绩效衡量。如前文所述，唐五湘（2017）对56 篇影响力大的样本进行文献计量和内容分析后指出，绩效既表现为能力也指某种特定结果，强调在考察科技成果转化绩效的同时关注投入指标与产出指标，认为企业科技成果转化绩效评价主要是从产出和投入两个方面设计评价指标。林青宁和毛世平（2022）使用 SSBM 网络 – DEA 模型，利用技术服务收入、新产品销售收入指标测算了我国 9 959 家涉农企业的科技成果转化效率。研发人员投入、经费投入以及专利申请数量是公认的企业科技成果转化政策绩效的评价指标，同时关注政府的支持力度以及企业的利润率。

可见科技成果转化绩效的衡量主要是通过两种视角，一种是仅考察产出指标，另一种是同时考察投入指标和产出指标。企业和高校的科技成果转化绩效评价多为后者。本书将采用后一种衡量方式，同时考察投入指标和产出指标。投入指标包括专利技术资源、科技项目、研发投入等，产出指标包括技术市场成交额、新产品数量和产值等。

## 3.5 科技成果转化政策多层视角框架组态模型构建

在上述机理分析基础上，针对第 1 章中提出的研究问题，本书尝试运用组态方法探索宏观的科技成果转化的政策条件、中观的区域技术资源、微观的科技成果转化主体的组织条件及其管理者行为三类因素对于科技成果转化主体成果转化绩效的多层次效应。

社会学家拉金（Ragin，1987）最早基于整体论提出定性比较分析法（qualitative comparative analysis，QCA），认为特定的社会现象是由原因条件组成的整体，指出应关注条件组态（configurations）与结果之间的复杂因果关系。定性比较分析法早期用于社会学和政治学领域研究，之后由于能够处理复杂组态问题而受到管理学者的关注。拉金（2000）在其后的研究中进一步明确组态方法，指出社会现象发生的原因条件之间往往是相互依赖而不是相互独立的，因此解释社会现象的发生原因需要采用整体的、组合的视角。此后，"组态视角"在复杂组织治理中被广泛用于理解组织结果背后的因果复杂性，即多个同时发生的条件与结果之间的复杂集合关系（杜运周、贾良定，2017）。科技成果转化是一个多主体、多层次、多维度的复杂现象，本书采用组态方法而非既有文献中常用的线性方法进行分析。

上述三类因素涵盖宏观的制度、中观的区域资源、微观的组织条件三个层面，而各层面包含多种具体影响条件，本书根据演绎法和归纳法，识别关键和重要的条件（要素），基于有限多样性原则，最终界定 5 个条件，分别是政策供给和政策协调（宏观制度层面）、技术来源（中观资源层面）、组织实力和管理者行为（微观组织及管理者层面）。以下对三个层面分别展开阐述。

### 1. 宏观层面的政策特征

宏观层面的国家科技成果转化政策对我国科技成果转化绩效具有强烈的影响。政策的供给特征影响着科技成果的产业方向、技术水平和扩散方式。任务导向型成果转化政策供给专注于支持少量新兴技术和大企业，能引导产业创新向新技术方向发展，引导市场向创新性领域投资。而扩散型成果转化政策供给专注于基础科学设施和公共科学设施的建设，这些公共的跨组织机构能促进已经形成的先进适用技术（工艺技术为主）向广大企业的扩散和应用，为科技成果转化提供技术基础设施，形成科技成果转化的友好环境（Ergas，1987；Link，2010；贺俊，2017）。

此外，科技成果转化政策的协调特征影响着我国科技成果转化的实现效率。具有支持模糊性和灵活性的科技成果转化政策能促进技术转移惯例机制的产生（Colyvas，2007）。与动态复杂的外部环境相匹配的科技成果转化政策能帮助创新主体快速适应变化，促进科技创新（王宏起等，2013）。在我国，科技成果转化活动具有多主体、多因素等特征，能提升创新主体适应变化的能力，从而促进我国成果转化政策效果的实现（郑宇冰等，2015）。面向不同对象、区域和层面的多种科技成果转化政策的协调一致实施是实现国家创新目标与创新主体活动对接的基础（Isabel et al.，2008；汪涛、李祎、汪樟发，2011）。

### 2. 中观层面的技术资源

根据前文的研究，区域的大学资源对于区域科技成果转化的实现非常重要。大学是科技成果转化的主要技术方/技术来源（Ambos et al.，2008，Chen et al.，2016）。区域内的大学对于区域内创新企业而言具有地理便利性以及技术转移转化合作成本低等优势，因此区域大学资源禀赋是区域科技成果转化绩效的重要影响条件（Beise and Stahl，1999；Mowery and Ziedonis，2015）。区域内的大学资源的质量水平、学科类型等特点也是区域内科技成果转化实现的影响条件（Perkmann et al.，2013；McAdam et al.，2018）。

### 3. 微观层面的组织条件

微观组织层面的组织实力和管理者行为也是影响科技成果转化的关键条件。在对既有研究进行梳理时发现，对于科技成果转化主体的研究主要关注政府、大学和科研机构以及中介机构。其中，政府的主要功能是制定成果转化政策，大学和研究机构的主要功能是提供技术资源，中介机构的主要功能是承担成果转化沟通平台的角色。

一方面，科技成果转化微观主体的自身实力影响成果转化的绩效。大学和科研院所的资质、学术或技术人员的数量和水平、大学学科优势特色、是否具有强有力的外部生态关系等特点影响着大学和科研院所提供的技术资源的先进性和前沿性，以及科研人员参与成果转化过程的效果。成果转化中介机构的创立年份、规模、组织结构、技术人员的技术背景、综合能力以及财务资源等都对其技术转让的能力以及在学术界和行业界的声誉有影响，影响其促成成果转化的能力和成果转化绩效（Siegel et al.，2007）。对科技企业而言，更大的组织拥有更多样化和更复杂的资源和能力，能承受更大的创新风险，从而有利于其成果转化成效。

另一方面，科技成果转化微观主体的管理者行为也是成果转化绩效的关键条件。对于大学而言，对技术转让办公室的政策安排、对创新和技术转移转化的支持力度、对创业角色的转变、对是否在战略中纳入可持续性目标并加以落实等管理行为是影响科技成果转化绩效的重要前因条件。对于成果转化中介机构而言，即技术人员的个人身份与他们的工作身份自洽的程度有利于产生围绕成果转化活动的有效沟通以及相关专业知识和技能的分享（Eapen，2012），从而影响成果转化的绩效（Stets and Burke，2000，叶晓倩等，2020）。对于科技企业而言，管理者是否关注研发投入是成果转化实现程度的关键条件。研发投入力度大的企业更容易在企业内部产生新的知识和发明，加强企业获取外部资源的能力和吸收知识的能力（Pandza and Holt，2007；李培楠等，2019），这些因素都能够促进成果转化绩效的提升。

综上所述，在梳理过往研究和理论分析的基础上，本书对我国科技成果转化宏观政策、中观技术资源、微观组织条件和管理者行为对成果转化绩效的作用机制构建如图 3 - 2 所示的科技成果转化政策多层视角组态模型。

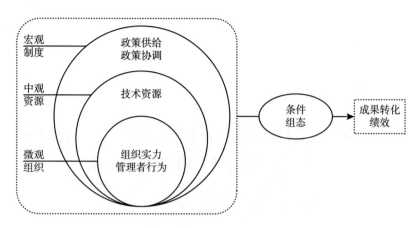

**图 3 – 2 科技成果转化政策多层视角组态模型**

本书基于多层视角框架设想构建"制度—资源—组织"的三层视角理论模型，以包含宏观—中观—微观的多层视角通过考察政策供给、政策协调、技术资源、组织管理者行为等关键条件所产生的互动关系重新界定中国科技成果转化制度环境下科技成果转化绩效提升的组合路径，并在后面的章节中基于不同的成果转化主体立足点分别考察各条件之间的互动关系对于科技成果转化成效的组态效应。

# 第4章 多层视角下科技成果转化政策组态效应与绩效实证研究——以中介机构为立足点

第 3 章从制度理论、技术转移主体理论和技术转移生态系统理论以及多层视角理论揭示宏观制度、中观区域资源和微观组织条件对于科技成果转化绩效的作用机制，初步构建理论框架。本章以科技成果转化中介机构为立足点，基于政策供给和政策协调（宏观制度层面）、技术来源（中观区域层面）、转移实力和技术人员身份自洽（微观组织及管理者层面）的相互关系，根据相关文献、相关成熟变量及条件组态模型，探究三层次前因条件对于科技成果转化中介机构转化绩效的影响和作用，进一步提出提升科技成果转化中介机构转化绩效的三种组态路径，为前文构建的理论模型提供强有力的实证依据。

## 4.1 理论分析与研究框架

### 1. 政策供给和中介机构成果转化

国家制度和政策被认为对技术转让有强烈的影响，能鼓励并促进技术转让（Djokovic and Souitaris，2008；李凡，林汉川，刘沛罡，2015）。一方面，任务导向型政策供给引导着产业技术和创新发展的方向（Ergas，1987；Bozeman et al.，2015），引导技术产出机构在特定的业务领域开发专利（Shane，2004），促进创新发生（Cantner and Pyka，2001）；另一方面，扩散导向型政策通过建设科学基础设施，在生命周期的更高级阶段提供更广泛的技术支持（Ergas，1987；Link，2010），维持适当的异质性，通过进化迭代和实验过程促成技术转让和合作（Nuvolari，2004）。

一些研究重点强调针对技术转移中介机构的政策供给在成果转化中的作用，激励政策以及金融税收政策常被提及。例如，政策制定者通过颁布资助研发的技术转移政策来提高转化成效（Perkmann et al.，2013）。合理的激励制度能提高技术产出机构（如大学）研究人员和技术转移人员的技术商业化成功率（Siegel et al.，2003；Mowery and Sampat，2005）。财政和税收优惠是改善知识产权开发和促进知识产权商业化的必要条件，扶持创业资本产生的区域政策被认为是创业的催化剂（Wonglimpiyarat，2016）。有学者认为瑞典在成果转化创造方面的低效率与该国的技术转移政策忽视对技术方（大学和学术界）追求技术商业化的激励措施有关，从而定义并验证政府政策与专利方向和创新产出之间的正向关系（Goldfarb and Henrekson，2003）。

此外，位于同一国家或区域内的技术转移机构在共同的制度框架背景下运作，往往比不同国家或地区的机构更为相似（Jefferson et al.，2017）。我国各地区的成果转化政策有较多差异（Huang et al.，2013；卢章平，王晓晶，2013），例如，20 世纪 70 年代末的经济改革之后，我国部分区域向外国投资开放，倡导促进创业，相关政策主要针对东部沿海地区，因此东部沿海地区经历了高速的经济增长，中西部地区则相对落后。为应对经济增长的差异，我国近年来实施促进中西部地区的经济发展和增长的新政策，该政策的核心是鼓励相关机构转移其技术用于创新和创业。

2. 政策协调和中介机构成果转化

成果转化政策内容和种类繁多，应围绕主政策建立健全配套政策，灵活运用各种政策工具（Guerzoni and Raiteri，2015；汪涛、谢宁宁，2013）。政策协调良好，能放大政策效果，反之则削弱政策效果（Magro and Wilson，2013）。面向不同对象、区域和层面的政策保持协调一致（Isabel et al.，2008；汪涛、谢宁宁，2013）、产学研等部门和全国性的政策（如拨款、补贴、税收优惠、创新活动的税收抵免等）保持有效互动（Isabel and Nick，2008）才能鼓励大学和中介机构展开研究合作，刺激创新，提升成果转化绩效（Wonglimpiyarat，2016；朱娅妮、余玉龙，2021）。

政策执行处于快速变化的环境中，只有与动态复杂的外部环境相匹配的科技政策才能快速适应变化，起到促进科技创新的作用（王宏起等，

2013）。随机多路径的信息反馈机制（郑宇冰等，2015）能规避政策制定和政策执行主体与目标群体之间的信息不对称和信息沟通不畅等问题。此外，国家和地区间的文化差异会形成特定的科学技术文化，根植于区域社会文化系统的科技政策设计与科技政策执行能确保各参与主体的诉求与合法权益；考虑普通民众在公共知识的生产、使用和解释过程中的参与作用，有利于赢得公众对科技工作的理解和信任，获得公众对政策的支持，进而提升科技成果转化的成效（尚智丛、杨萌，2013）。

3. 中介机构实力与成果转化

技术转移中介机构的本质是中介，可能参与也可能不参与技术/知识转让过程，其功能是作为第三方代理承担技术提供方和技术接受方之间的促进/调解工作，即发挥桥梁功能，促进关系环境的发展，解决制约性问题（Howells，2006；Battistella et al.，2016）。从提供专业服务的个人（顾问或代理）到为创新提供中介服务和支持的各类组织，不同功能的中介形成一个连续体（Landry et al.，2013；Lichtenthaler and Ernst，2007）。大量研究探索技术转移中介机构实力对成果转化的影响，创立年份、规模（Powers，2003）、组织结构（Bercovitz et al.，2001）、能力和资源等（O'Shea et al.，2005；Siegel et al.，2007）被认为能够对技术转移有效性产生影响。由于技术转让活动具有跨学科特点，技术转移的中介机构必须由能平衡科学、技术、法律和商业等技能的人员组成（Abreu and Grinevich，2013），因此，具有技术背景的成果转化工作人员在总员工中的比例是影响因素之一（Jefferson et al.，2017）。

4. 技术人员身份自洽和成果转化

技术转移多基于个体层面的活动，例如学术创业和专利行为通常是个人行为（Maine and Garnsey，2006），有效的技术转移需要人员之间重复和密集的互动，只有有效沟通才能实现知识和技能的分享（Eapen，2012；McDermott and Corredoira，2010）。中介组织内部的有效沟通要素包括语言、象征主义和共同的背景（Cohen and Levinthal，1990），共享的价值观和愿景（Lee et al.，2013；Steers et al.，2008），对技术转移、相关操作实践和工作方式上的相似性认知（Van Wijk et al.，2008；Lane et al.，2001）。

现有成果转化系统中对人力资源因素的研究主要考虑参与人员的知识、技能和能力，对于人员之间的任务分配、身份（Foss et al.，2015）、文化（Battistella et al.，2016）、技术转移中介机构中技术人员的组织身份自治程度及其发展等关注较少（Stets and Burke，2000）。古德等（2019）提出，管理者应致力于将组织成员及组织融入整体技术转移系统，关注目标、活动、结构和跨不同元素的人员的一致性以提升转化绩效。

5. 区域技术资源和中介机构成果转化

现有研究中，科技成果转化的外部技术来源主要强调了地方大学（Ambos et al.，2008；Chen et al.，2016）。由于内部和外部机制的不同，不同国家或地区的大学在成果转化过程中发挥着不同的作用（Audretsch，2014）。第3章阐述了大学的地理位置、类型、质量、学科设置特征等条件都会影响区域技术成果转化有效性（Jensen and Thursby，2001；Agrawal，2006；Mowery and Ziedonis，2015）。大学参与成果转化的方式很多，如大学创业、大学技术开发、大学技术转让、与其他组织开展合作研究、与没有研发部门的企业建立合资企业等。为中介机构提供技术资源池是大学参与成果转化中介机构的主要模式。因此，大学技术资源对区域科技成果转化基础系统的构建（Cesaroni and Piccaluga，2016），乃至创业生态系统的构建（Audretsch and Link，2017）都至关重要。

据此，在第3章多层视角组态框架的基础上细化制度、区域以及组织和管理者行为条件，构建本章研究模型，如图4－1所示。对于科技成果转化中介机构而言，管理者行为用机构实力和技术人员身份自治（一致性）刻画。

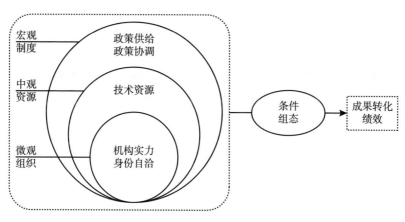

图4－1 中介机构科技成果转化政策多层视角组态模型

# 4.2 研究方法

## 4.2.1 定性比较分析法

定性比较分析法最初应用于政治学和社会学研究（Ragin，1987），是基于集合论视角的分析方法，判断哪些条件组合（组态）是结果的必要或充分条件组合（组态），近年来被引入管理学研究中（Greckhamer，2016；Fiss，2007）。本章基于多层视角，通过组态方法探索宏观的制度、中观的区域资源与微观的组织和管理条件对于科技成果转化高绩效的组态效应和组合路径。

针对本书的研究问题，首先，定性比较分析法能够探索多个条件之间的多重并列关系。其次，定性比较分析法能够识别科技成果转化高绩效的不同因果组合路径。不同层面的条件之间会形成多个组合条件（组态），而这些组合条件（组态）均可能导致科技成果转化高绩效的发生。最后，定性比较分析法通过集合关系而不是相关关系来判断条件和结果之间的因果关系，因此，拟采用定性比较分析法展开实证检验。

杜运周、贾良定（2017）指出，定性比较分析法可以依据数据类型划分为清晰集定性比较分析（clear-set qualitative comparison analysis，cs/QCA，使用二分数据）、多值集定性比较分析（multi-value qualitative comparison analysis，mv/QCA，使用多值数据）和模糊集定性比较分析（使用连续数据）三类。考虑到模糊集定性比较分析法能够进一步处理有关程度变化或部分归属的问题（程聪、贾良定，2016），本书选择模糊集定性比较分析为研究方法。

## 4.2.2 样本选择和数据来源

本章和第5章的一手数据来源于问卷调研。数据收集主要通过三个步骤展开，首先，分别与有代表性的四个地区（广东、湖北、上海和浙江）

的经济和信息化厅或委员会、当地中小企业服务中心、地方科技园区的管理委员会和园区开发商取得联系，请其提供地方科技园区内技术转移转化机构（包括中介机构和科技企业）的联系方式。其次，对列表数据进行筛选抽样，按照三十选一的方法，在各地区随机抽取约 1 200 家中介机构/科技企业并进行联系。最后，对收到反馈的约 900 家中介机构/科技企业发送预先设置好的问卷网址，请被访中介机构/科技企业的相关人员填写问卷。此外，少量问卷是通过直接对成果转化中介机构/科技企业相关管理人员进行访谈，通过现场填答、邮件填答或其他线上方式发放电子问卷的方式获得。这部分中介机构/科技企业总数量约为 20 家。最后收集到相应数量的有效问卷。

通过上述步骤，共发放问卷 909 份，问卷内容涵盖科技成果转化中介机构或企业的实力、对成果转化政策环境的感受与评价、对中介机构技术人员身份自洽的评价、对科技企业研发投入情况的评价，以及对科技成果转化绩效的评价等内容。回收的问卷中，科技成果转化中介机构有效问卷为 160 份，其中广东省有效问卷 45 份，湖北省 30 份，上海市 40 份，浙江省 45 份。总体问卷回收率约 20%。问卷问项的设计均采用李克特（Likert）五级量表。

# 4.3　实证分析

## 4.3.1　结果变量

本书测量的是技术转化中介机构的转化成效。与国内外研究对技术转移的度量一致，用出门标准（out – the – door）作为指标衡量技术转移有效性（Siegel et al.，2003；Anderson et al.，2007；Heisey and Adelman，2011）；为规避"出门"标准不足，本书采用代表"出门标准"的技术市场成交额（Siegel et al.，2007）和代表"市场影响"的管理者主观感受的科技成果转化率（Aldridge and Audretsch，2011；蔡跃洲，2015）衡量转化中介机构的科技成果转化成效。

## 4.3.2 条件变量

### 1. 政策供给

参考现有研究（Ergas，1987；Link，2010；Alic，2001；贺俊，2017；李发福，2008），从特异性、指向性、支持性和体系性四个方面来表达我国科技成果转化政策的供给特征。因为只有三级指标数据但无二级指标数据，本书将所有三级指标数据进行验证性因子分析后抽取：技术扩散体系建设、通用性技术研发机构的建设、服务支持、财政支持（货币性）为一个二级指标；行业（行业阶段）指向性、技术指向性、战略性研究基础设施建设和财政补助为另一个二级指标。

### 2. 政策协调

在李春成和和金生（2009）、汪涛（2011，2019）、王宏起（2013）和郑宇冰（2015）等学者的研究基础上，本书从适应灵活性、协调互补性、参与反馈性和文化科学性四个维度刻画我国科技成果转化政策的协调特征。同样，由于只有三级指标数据但无二级指标数据，将所有的三级指标数据进行验证性因子分析后抽取三个二级指标，分别是对经济形势的适应性、对政策矛盾问题的协调性、对政治形势的适应性、新政策的公众理解程度、对市场供应的适应性、对政策重叠问题的协调性；政策制定的文化适应性、公众参与政策制定的程度、公众参与政策执行的程度、政策执行的文化适应性；组织内政策学习、政策的综合可得性、政策的综合有效性、专家学者的政策传播。

根据杜根旺、汪涛（2019）的研究，通过对政策主体行为进行测量的方法能快速了解创新政策协调的情况，是应用较多的方法。对创新政策主体行为的了解一般采用访谈法进行，访谈法能帮助研究者迅速获得第一手资料。本书采用对创新主体进行访谈和问卷调查的方式开展调研。

### 3. 身份自洽

采用技术人才的自由度、文化契合度、员工福利三个指标刻画技术人员的身份自洽程度（Cable，2016；叶晓晴等，2020），体现管理者在组织行为中的作用。

### 4. 机构实力

采用技术转移机构的规模、成立年限、技术人员数和员工教育背景
（Page，2007；Daft et al.，2010）四个指标刻画技术转移机构实力，体现
组织资源的作用。

### 5. 技术来源

由于主要技术方（大学）是技术转移的主要技术来源（Ambos et al.，
2008；Chen et al.，2016），本书采用地区或区域的高校数量刻画这一特征
指标。

## 4.3.3　分析过程

本书中宏观层面的政策条件采用验证性因子分析方法进行提炼。参考
现有研究（Hinkin，1995）提出的量表设计建议，问卷题项的设计与编制
既需要对文献进行调研，也需要对企业界与管理学界的专家进行问卷题项
的确定与研究讨论，最终形成初始问卷。因此，在量表开发方面，本书首
先对既有研究进行深入的分析与筛选，通过文献调研分别提炼出科技成果
转化政策供给条件和政策协调条件的四个维度。具体而言，政策供给条件
从指向性、特异性、支持性、体系性四方面表达；政策协调条件用协调互
补性、适应灵活性、参与反馈性和文化科学性四个维度刻画。其次，为形
成具有实用性与研究性并重的成熟量表，本书对相关中文和英文文献中的
题项进行系统性梳理，并结合我国成果转化中介机构的实际情况进行筛
选，确定本书的部分题项。再次，对 5 位成果转化中介机构的高级管理者
（或机构所有者）分别进行半结构化访谈，验证题项的效度，以便对题项
加以修订。半结构化访谈结束后，本书根据访谈情况修订量表，对相应的
测量题项进行修改。最后，本书将修改后的测量量表提交给 5 位成果转化
研究专家及中介机构高级经理，请他们填写量表，并就以下问题听取意
见：问卷是否能测量预期的结构；问卷的措辞和布局是否合理；题项是否
容易理解并易于完成。在获得他们对于问卷信度的确认之后，本书进行了
问卷小样本测试的综合过程（Bearden et al.，1993）。量表使用李克特五级
量表测量方法，最后形成可用于大规模调查的测量量表，见附录 2。

1. 验证性因子分析法分析结果

（1）政策供给条件验证性因子分析。利用 SPSSAU 软件对 160 份问卷数据进行验证性因子分析。在信度方面，政策供给量表总信度 Cronbach's α 为 0.735，各测量题项信度均在 0.7 左右，2 个因子的组合信度分别为 0.698、0.643，总体高于建议的 0.50（何帅、陈良华，2019）。在效度方面，采用验证性因子分析法对量表的建构效度进行检验，结果见表 4 - 1。

表 4 - 1　　　　　　政策供给各题项验证性因子分析法分析结果

| 潜变量 | 测量项（显变量） | 测量题项信度 | 总信度 | KMO 值 | 标准误差（Std. Error） | z（CR 值） | p 值 | 标准载荷系数（Std. Estimate） | AVE 平方根 | 组合信度 |
|---|---|---|---|---|---|---|---|---|---|---|
| 因子1 | ZC4 | 0.681 | | | — | — | — | 0.550 | | |
| | TX3 | 0.670 | | | 0.221 | 5.184 | 0.000 | 0.623 | | |
| | TX2 | 0.663 | | | 0.184 | 4.600 | 0.000 | 0.510 | 0.610 | 0.698 |
| | ZC3 | 0.660 | 0.735 | 0.756 | 0.228 | 5.464 | 0.000 | 0.738 | | |
| 因子2 | ZC1 | 0.678 | | | — | — | — | 0.560 | | |
| | TX1 | 0.655 | | | 0.236 | 4.774 | 0.000 | 0.622 | 0.568 | 0.643 |
| | ZX2 | 0.696 | | | 0.215 | 4.471 | 0.000 | 0.539 | | |
| | ZX1 | — | | | 0.154 | 4.413 | | 0.527 | — | — |

资料来源：经 SPSSAU 软件数据分析结果整理得到。

使用因子分析进行信息浓缩研究，首先分析研究数据是否适合进行因子分析，根据表 4 - 1 可知，检验统计量 KMO 值为 0.756，大于 0.6，满足因子分析的前提要求，意味着数据可用于因子分析研究。Bartlett 球形度检验近似卡方值为 237.965，相应的 P 值为 0.000，低于 0.001 的显著性水平，说明数据适合进行因子分析。

区分效度数据表明，因子 1 的 AVE 平方根值为 0.610，大于因子间相关系数绝对值的最大值 0.388；因子 2 的 AVE 平方根值为 0.568，大于因子间相关系数绝对值的最大值 0.388，表明因子 1 和因子 2 的区分效度良好，各项拟合指标总体符合要求。

对应附录 3 的量表可知，因子 1 为足够的服务支持、完善的技术扩散体系建设、完善的通用性技术研发机构建设和足够的财政支持。因子 2 为聚焦特定行业（阶段）或特定技术、扶持新兴产业。

（2）政策协调条件验证性因子分析。在信度方面，政策协调量表总信度 Cronbach's α 为 0.892，各测量题项信度均在 0.9 左右，3 个因子的组合信度分别为 0.868、0.720、0.611，高于建议的 0.50。在效度方面，采用验证性因子分析法对量表的建构效度进行检验，结果见表 4 - 2。

表 4 - 2　　　　　　　政策协调各题项验证性因子分析法分析结果

| 潜变量 | 测量项（显变量） | 信度 | 总信度 | KMO 值 | 标准误差（Std. Error） | z（CR 值） | p 值 | 标准载荷系数（Std. Estimate） | AVE 平方根 | 组合信度 |
|---|---|---|---|---|---|---|---|---|---|---|
| 因子 1 | XT2 | 0.879 | | | — | — | — | 0.597 | 0.724 | 0.868 |
| | CY5 | 0.867 | | | 0.190 | 7.209 | 0.000 | 0.732 | | |
| | CY3 | 0.869 | | | 0.203 | 7.117 | 0.000 | 0.718 | | |
| | CY2 | 0.874 | | | 0.198 | 6.975 | 0.000 | 0.698 | | |
| | CY1 | 0.870 | | | 0.229 | 7.515 | 0.000 | 0.780 | | |
| | WH6 | 0.870 | | | 0.223 | 7.621 | 0.000 | 0.798 | | |
| | SY5 | 0.882 | 0.884 | 0.888 | — | — | — | 0.493 | | |
| 因子 2 | CY4 | 0.878 | | | 0.309 | 5.647 | 0.000 | 0.772 | 0.633 | 0.720 |
| | WH4 | 0.881 | | | 0.256 | 4.926 | 0.000 | 0.571 | | |
| | XT5 | 0.872 | | | 0.252 | 5.320 | 0.000 | 0.663 | | |
| 因子 3 | SY1 | 0.880 | | | — | — | — | 0.587 | | |
| | WH5 | 0.882 | | | 0.196 | 5.537 | 0.000 | 0.629 | | |
| | WH2 | 0.878 | | | 0.160 | 5.003 | 0.000 | 0.536 | 0.585 | 0.611 |

资料来源：经 SPSSAU 软件数据分析结果整理得到。

首先分析问卷数据是否适合进行因子分析。从表 4 - 2 可以看出：检验统计量 KMO 值为 0.888，高于建议的 0.7，Bartlett 球形度检验近似卡方值为 798.361，相应的 P 值为 0.000，低于 0.001 的显著性水平，说明数据适合进行因子分析。

区分效度数据表明，因子 1 的 AVE 平方根值为 0.724，大于因子间相关系数绝对值的最大值 0.585；因子 2 的 AVE 平方根值为 0.633，大于因子间相关系数绝对值的最大值 0.585；因子 3 的 AVE 平方根值为 0.585，大于因子间相关系数绝对值的最大值 0.549，表明这 3 个因子的区分效度良好。

对应附录 3 量表可知，因子 1 为不同层面的政策矛盾和问题的协调度、政策制定的公众参与度、政策执行的公众参与度、政策制定与执行中的公众诉求可表达性以及多种信息反馈渠道的可使用性、畅通性、回应性。因子 2 为政策的综合可得性、综合作用、所在单位的政策学习、政策制定与执行的信息可反馈性。因子 3 为政策根据国内外政治形势调整的程度、政策制定的文化适应性、专家学者的政策传播。

2. 模糊集定性比较分析

模糊集定性比较分析法基于集合论发展而来，能够识别不同条件和不同条件组合而成的组态与结果变量之间的充分或必要的子集关系（Ragin，2008）。若结果发生时，某个条件（或条件组合）总是存在，那么该条件（或条件组合）就被认为是结果产生的必要条件（或必要条件组合）。

定性比较分析法应先分析必要性，再分析充分性（Schneider and Wagemann，2012）。基于此，第一步先分析各单个前因以及它们的"非集"状态对于结果变量高程度科技成果转化绩效的必要性。现有研究中通常采用一致性（consistency）阈值 0.9 作为必要性判断的标准。具体而言，当特定前因条件的一致性值大于或等于 0.9 时，认为该前因条件是结果变量的必要条件；反之，认为该前因条件不是结果变量的必要条件。第二步，运用真值表算法进行充分性分析，确定相关条件组态对于结果变量高程度科技成果转化绩效的充分性，同样使用一致性来衡量。根据真值表中一致性数值呈现的缺口，本书将一致性阈值设定为 0.85，即当条件组态与结果变量之间的一致性阈值大于或等于 0.85 时，将该条件组态归为结果的充分条件组态。此外，特定组态覆盖的案例数量是其进入布尔最小化过程（Boolean-Minimization）的筛选标准（Schneider and Wagemann，2012），通常中小样本（约 10 至 100 个案例）的频数阈值不得少于 1，大样本则可适当提高。因本书有效样本数量在 100 以上，属于中小数量规模样本，故取频数阈值为 1，此时纳入分析的样本超过 75%。第三步，采用集合论特定的稳健性方法对条件组态的充分性结果进行检验（张明、杜运周，2019）。

模糊集定性比较分析法 3.0 的最小化程序基于不同的简化假设会产生 3 个解：复杂解（complex solution）、中间解（intermediate solution）和简约解（parsimonious solution）。参考拉金（2008）提出的中间解优于简约解和复杂解的观点，本书主要观测中间解，同时也对简约解进行观测。研究分析中，本书将同时出现在中间解和简约解中的条件视为核心条件（core conditions），将仅在中间解中出现的条件视为辅助条件（peripheral conditions）。对解的评估主要是考察其一致性和覆盖度（Fiss，2011）。

3. 变量的校准

校准（calibrating）是指确定案例的集合属性（Schneider and Wage-mann，2012；杜运周、贾良定，2017）。本书采用直接法进行校准，通过逻辑函数实现原始数据在 0（完全不属于）、0.5（交叉点）和 1（完全属于）3 个定性锚点间的分布（Ragin，2008）。参考既有研究（Fiss，2011；Greckhamer，2016），本章将 5 个条件变量中的政策供给、政策协调、身份自洽和结果变量（科技成果转化高绩效）的完全不属于、交叉点和完全属于的 3 个校准点分别设定为"均值 – 标准差""均值"和"均值 + 标准差"。

将条件变量中的机构实力的完全不属于、交叉点和完全属于这 3 个校准点分别设定为"最大值""均值"和"最小值"。对于条件变量中的技术来源，根据既有研究（Greckhamer，2016；Delmas and Pekovic，2018），采用客观分位数值方法确定 3 个定性锚点，即将完全不属于、交叉点和完全属于 3 个校准点分别设定为 10 分位数值、50 分位数值和 90 分位数值。条件变量与结果变量的校准见表 4 – 3。

表 4 – 3　　　　　　　　　　　条件变量与结果变量的校准

| 变量 | 完全不属于 | 交叉点 | 完全属于 |
|---|---|---|---|
| 政策供给（ZCGJ） | 3.39388 | 3.9227 | 4.45152 |
| 政策协调（ZCXT） | 3.24041 | 3.8187 | 4.39699 |
| 身份自洽（WHQH） | 3.60247 | 4.1313 | 4.66013 |
| 机构实力（ORG） | 1.421 | 2.6075 | 3.794 |
| 技术来源（GX） | 63 | 109 | 154 |
| 转化成效（ZHCX） | 3.6799 | 4.1250 | 4.5701 |

资料来源：根据定性比较分析法数据分析结果整理得到。

## 4.3.4　研究发现

### 1. 单个条件的必要性分析

在对条件组态进行分析之前，首先对单个条件的必要性（necessity）进行检验。必要性条件是结果发生必须存在的条件，但是其存在并不必然导致结果的发生。表4－4为5个前因条件对于科技成果转化高绩效的必要性分析结果。由表4－4可知，所有条件的一致性值均低于0.9，意味着没有任何一个条件构成科技成果转化高绩效的必要条件，表明需要进一步考察条件组合（组态）对于科技成果转化高绩效的影响。

**表4－4　　　　　　　　　　　　　必要条件检测**

| 前因条件 | 高科技成果转化绩效 | | 非高科技成果转化绩效 | |
|---|---|---|---|---|
| | 一致性 | 覆盖度 | 一致性 | 覆盖度 |
| 技术来源 GX | 0.634359 | 0.550522 | 0.697669 | 0.62188 |
| ~技术来源 gx | 0.564296 | 0.645039 | 0.495744 | 0.582042 |
| 机构实力 ORG | 0.67186 | 0.633269 | 0.635624 | 0.615357 |
| ~机构实力 org | 0.591916 | 0.612641 | 0.621192 | 0.660372 |
| 政策供给 ZCGJ | 0.684403 | 0.668481 | 0.498705 | 0.500309 |
| ~政策供给 zcgj | 0.488407 | 0.486804 | 0.669545 | 0.68544 |
| 政策协调 ZCXT | 0.702014 | 0.682305 | 0.48415 | 0.483315 |
| ~政策协调 zcxt | 0.468389 | 0.469222 | 0.681757 | 0.701485 |
| 身份自洽 WHQH | 0.713542 | 0.667456 | 0.521771 | 0.501304 |
| ~身份自洽 whqh | 0.466869 | 0.487305 | 0.65388 | 0.701005 |

资料来源：根据定性比较分析法数据分析结果整理得到。

### 2. 组态条件的充分性分析

本书采用模糊集定性比较分析法3.0软件，分别分析导致科技成果转化高绩效和科技成果转化非高绩效的条件组态，这些不同的组态表示实现同一结果（成果转化高绩效、成果转化非高绩效）的不同条件要素。根据组态理论化过程，对本书发现的组态进行命名（Furnari et al., 2020）。

表 4-5 为实现成果转化高绩效的组态分析结果。本书根据既有研究所采用的方法（Ragin and Fiss，2008）表达各组：●表示条件存在，即条件变量取值较高，其中，大黑点表示该条件为"核心条件"，小黑点表示该条件为"边缘条件"，⊗表示条件缺失，空格表示该条件的存在对于结果没有影响。

由表 4-5 可知，5 种条件组态能够产生科技成果转化高绩效，各组态按照一致性值大小从左至右排列。总体来看，五种组态的总体一致性为0.73。但就单个组态而言，前三种组态的一致性值分别为 0.85、0.83 和0.82，高于普遍接受的一致性标准 0.80，表明在满足这 3 类条件组态的所有成果转化机构案例中，有 80% 以上的机构获得较高的成果转化绩效。总体解的覆盖度为 0.63，意味着 5 类条件组态可以解释 63% 的科技成果转化高绩效。组态 1、组态 2 和组态 3 解的一致性和解的覆盖度总体均高于临界值，说明实证分析结果具有有效性，接下来进一步对这三种组态进行解释。

**表 4-5　　　　　实现中介机构科技成果转化高绩效的组态**

| 解（条件组态） | 1 | 2 | 3 | 4 | 5 |
|---|---|---|---|---|---|
| 政策供给（ZCGJ） | ● | ⊗ | ● | ● | ⊗ |
| 政策协调（ZCXT） | • | ● | ● | ⊗ | |
| 身份自治（WHQH） | | | • | ⊗ | ● |
| 机构实力（ORG） | • | ⊗ | ⊗ | | |
| 技术来源（GX） | ⊗ | ● | | | • |
| 一致性 | 0.85165 | 0.825382 | 0.821174 | 0.746858 | 0.737555 |
| 原始覆盖度 | 0.317116 | 0.212593 | 0.335107 | 0.21082 | 0.275941 |
| 唯一覆盖度 | 0.073736 | 0.0279994 | 0.0790573 | 0.0420625 | 0.0891927 |
| 总体解的一致性 | 0.730014 | | | | |
| 总体解的覆盖度 | 0.631698 | | | | |

注：●表示条件变量出现，⊗表示条件变量不出现。其中，大黑点表示核心条件，小黑点表示边缘条件，空格表示条件变量可有可无。

资料来源：根据定性比较分析法数据分析结果整理得到。

**3. 实现科技成果转化高绩效的条件组合**

本书将原始一致性阈值（raw consistency threshold）设定为 0.80，将

PRI 一致性阈值设置为 0.70，案例频数阈值设定为 2。同时出现在中间解和简约解中的条件视为核心条件，仅在中间解中出现的条件视为辅助条件（Fiss，2011）。

表 4-5 展示了定性比较分析的结果。其中，产生科技成果转化高绩效的组态有 5 个。因为组态 4 和组态 5 解的一致性小于 0.80，接下来只解释组态 1、组态 2 和组态 3 的科技成果转化绩效条件组合。

（1）政策供给下的中介实力型。组态 1 表明，以高程度的政策供给为核心条件，以高程度的政策协调和成果转化机构实力强为边缘条件的组合能够产生成果转化高绩效。本书发现这种条件组合呈现出技术转移的制度条件和组织条件特征。在这一类条件组合中，政策供给效率高，体现在政策环境能够提供充分的服务支持，如构建完善的技术扩散体系（国家实验室、共性技术开发中心、公共及专业的科技成果转化服务平台等）和通用性技术研发机构（公共研发平台等）。同时，政策提供足够的经费、补贴、税收等财政补助。政策主要指向具体的行业（或行业阶段）或具体的技术，通常与战略性研究基础设施建设相辅相成。同时，此类组合中，政策协调程度高，并且成果转化机构（中介机构）的实力比较强。成果转化机构实力强体现在成果转化中介机构规模大、成立年限长、拥有技术人员数量多、员工拥有较高的教育背景。对典型案例进行研究后发现，处于这类成果转化条件组合的 13 个案例全部出现在上海市。在本书调研的 4 个地区中，上海市虽然拥有的高校数量最少，仅 63 所，但是其中有 4 所属于985 高校，9 所属于 211 高校[①]，意味着上海的大学质量较高。因此该条件组合说明，在区域内已经具备一定的大学技术资源的情况下，只要区域的科技成果转化政策环境较好，自身实力强的成果转化中介机构就能在该区域获得科技成果转化高绩效。

（2）政策协调下的技术资源型。组态 2 表示，以高程度政策协调、强有力的大学资源和非高实力中介机构为核心条件的成果转化条件组合能够产生科技成果转化高绩效。高程度成果转化政策协调表现为：第一，相关政策能根据经济、政治、供应环境的变化及时被调整，国家、地方和园区之间等不同层级的政策矛盾问题（如政策目标、具体规定）和政策重叠问

---

① 教育部网［EB/OL］. http：//www. moe. gov. cn/jyb_xxgk/s5743/s5744/202007/t20200709_470937. html。（见附录 4 表格）

题（如政策对象、政策功能的重叠）协调得比较好，公众对成果转化新政策的理解程度比较高；第二，公众能够参与政策制定与政策执行，政策的制定与执行符合区域社会文化环境；第三，政策学习与传播机制建设良好，政策可得性和有效性比较高。本书发现，该条件组合呈现出成果转化的制度条件与资源条件相匹配的特征。此类条件组合中，技术转移中介机构在已有的政策供给和成果转化基础设施环境中，通过联合地方高校和利用高校的技术资源实现高绩效的科技成果转化。成果转化机构自身的实力，如规模、机构成立年限、技术人员数量及教育背景对于此类成果转化高绩效不产生影响。处于这类成果转化环境的 8 个案例中有 4 个出现在广东省，4 个出现在湖北省，上海和浙江没有案例出现。4 个区域中，广东省拥有高校 154 家，湖北省拥有高校 129 家①，高于浙江和上海，高校资源数量相对丰富，符合本书政策协调下高校资源型科技成果转化条件组态的典型特征。以上说明对于实力不强的转化中介机构，如果能协同地方高校资源，利用好区域政策，也能够获得科技成果转化高绩效。

（3）政策协调下的身份自洽型。组态 3 表明，以高程度政策协调为核心条件，以高效率政策供给和高程度技术人员身份自洽为边缘条件，能产生成果转化高绩效。本书发现，该条件组合呈现出技术转移的制度条件与组织条件相匹配的特征。在这一类条件组合中，中介机构的实力并不强，技术人员数量少、机构规模小、员工教育背景弱，但是技术人员的身份自洽程度高，体现为技术人员工作自由度高、文化适应度高并能获得较高福利待遇。此类条件组合说明，技术转移中介机构的技术人员个人身份与他们在工作中的组织身份的高一致性（自洽）（Stets and Burke，2000；叶晓倩等，2020）能提高其对技术转移及过程中知识、技术的统一性认识，有利于有效沟通与相似性操作，进而能在既有的政策条件和成果转化基础设施条件中，实现高绩效科技成果转化。与组态 2 相比，处于组态 3 的科技成果转化条件的案例共有 19 个，在调研涉及的四个地区中均有出现，是三类条件组合中数量最多的，说明该条件组合具有普适性，需要重点关注。

综合比较 3 个组态，本书进一步发现条件之间的互动关系。对比组态

---

① 教育部网 ［EB/OL］. http：//www.moe.gov.cn/jyb_xxgk/s5743/s5744/202007/t20200709_470937.html。（见附录 4 表格）

1 和组态 2，两个组态都包含政策协调要素，组态 2 缺少政策供给的高效率，但是由于拥有强大的高校资源，同样能够产生成果转化高绩效。可见，资源要素对于政策要素和组织要素具有一定的替代性。比较组态 1 和组态 3，两个组态都包含政策供给与政策协调条件，但是组态 3 中成果转化中介机构的技术人员身份自洽度高，即便实力不强，也能产生成果转化高绩效。说明成果转化中介机构的管理者可以通过提高转化技术人员在成果转化系统中的身份自洽（一致性）实现高绩效成果转化。也就是说，身份自洽（管理者行为条件）对于机构实力（组织条件）有一定的替代作用。对比组态 2 和组态 3，两个组态中成果转化中介机构的实力都不强，但是组态 2 中技术资源（高校）强大，组态 3 中成果转化中介机构的转化技术人员身份一致性高，在一定政策条件下，两种组态都能够产生成果转化高绩效。以上说明身份自洽（管理者行为条件）对于高校资源（区域资源条件）具有一定替代性。

综合而言，第一，三种不同组态指明了实现科技成果转化高绩效的三种不同组合路径，表明成果转化高绩效的产生是成果转化宏观—中观—微观多层面条件中不同要素相互协作的结果。第二，如果区域具备良好的科技成果转化政策条件，在一定的高校资源条件下，只要成果转化中介机构实力强大，就能产生成果转化高绩效。自身实力不强的成果转化中介机构则要善于协同地方高校资源以获得成果转化高绩效。此外，成果转化中介机构管理者可以通过提高机构技术人员身份自洽度的相关措施来提高其成果转化绩效。第三，政策协调对于科技成果转化高绩效具有关键作用。三种组态中均包含政策协调条件，反映了近年来我国成果转化活动所面临的环境特点。

**4. 产生科技成果转化非高绩效的条件组合**

本书也检验了产生成果转化非高绩效的条件要素，见表 4 - 6。产生成果转化非高绩效的组态有 4 个。首先，组态 N1 显示，在缺乏高程度政策协调、缺乏高实力中介机构条件中，即便有强大的高校资源，区域的科技成果转化成效也不会高。其次，组态 N2 显示，在缺乏高程度政策协调、高程度身份自洽的中介机构条件中，即便中介机构具备高实力，成果转化成效也不会高。组态 N3 显示，在缺乏高校资源和高实力中介机构、或同时缺乏完善政策供给、缺乏高度身份自洽的中介机构条件中，成果转化成效不会高。最后，在缺乏完善的政策供给高实力中介机构的环境中，即使具有高身份自洽度的中介机构，区域的成果转化成效也不会高。本书发现科技成果转化政策的供给或协调程度不够，提供的金融和人力资源配套不足，无论高校资源、中介机构实力和中介技术人员身份自洽程度是否高，都导致科技成果转化的非高绩效。

表4-6　　　　　　　　　中介机构成果转化非高绩效的组态

| 解（条件组态） | N1 | N2 | N3 | N4 |
|---|---|---|---|---|
| 政策供给（ZCGJ） | | | ⊗ | ⊗ |
| 政策协调（ZCXT） | ⊗ | ⊗ | | |
| 身份自洽（WHQH） | | ⊗ | ⊗ | ● |
| 机构实力（ORG） | ⊗ | ● | ⊗ | ⊗ |
| 技术来源（GX） | ● | | ⊗ | • |
| 一致性 | 0.791148 | 0.830967 | 0.842085 | 0.779226 |
| 原始覆盖度 | 0.352782 | 0.397188 | 0.269027 | 0.221167 |
| 唯一覆盖度 | 0.0611816 | 0.134698 | 0.0398421 | 0.0260269 |
| 总体解的一致性 | 0.792699 | | | |
| 总体解的覆盖度 | 0.613544 | | | |

注：●表示条件变量出现，⊗表示条件变量不出现。其中，大黑点表示核心条件，小黑点表示边缘条件。空格表示条件变量可有可无。

资料来源：根据定性比较分析法数据分析结果整理得到。

5. 稳健性检验

定性比较分析中，选择的原始一致性阈值将决定进入最小化分析过程中的组态数量，从而影响最终的分析结果（Schneider and Wagemann，2012）。借鉴张明、杜运周（2019）的研究方法，将一致性阈值从0.80提高到0.85，即采用更为严格的阈值展开分析，分析结果如表4-7所示。在提高一致性阈值后，案例数量会减少，纳入最小化分析的真值表行数减少，因而所得到的新组合是阈值提高前组态的子集（张明、蓝海林，2020）。由表4-7可知，在调整一致性阈值后，总体解的一致性提高到0.815，总体解的覆盖度降低到0.473。综合比较两个一致性阈值水平下的组态结果后发现，表4-7中的组态1、组态2、组态3为表4-5中实现成

果转化高绩效的组态 1、组态 2、组态 3 的子集，表明本书研究结论具有
稳健性。

表 4 - 7　　　　　　　　　实现中介机构成果转化高绩效的组态

| 解（条件组态） | 1 | 2 | 3 | 4 |
|---|---|---|---|---|
| 政策供给（ZCGJ） | • | ⊗ | ● | ● |
| 政策协调（ZCXT） | ● | ● | • | ⊗ |
| 身份自治（WHQH） | | ⊗ | • | ⊗ |
| 机构实力（ORG） | ● | ⊗ | | ⊗ |
| 技术来源（GX） | ⊗ | ● | ⊗ | ⊗ |
| 一致性 | 0.85165 | 0.853519 | 0.834116 | 0.855003 |
| 原始覆盖度 | 0.317116 | 0.170531 | 0.337641 | 0.159128 |
| 唯一覆盖度 | 0.0178639 | 0.066388 | 0.057266 | 0.0291398 |
| 总体解的一致性 | 0.815049 | | | |
| 总体解的覆盖度 | 0.473457 | | | |

注：• 表示条件变量出现，⊗ 表示条件变量不出现。其中，大黑点表示核心条件，小黑点表示边缘条件。空格表示条件变量可有可无。

资料来源：根据定性比较分析法数据分析结果整理得到。

# 4.4　研究结论

　　基于我国湖北、广东、上海和浙江四个地区 160 个跨区域科技成果转化中介机构研究样本，本章聚焦综合使用验证性因子分析法和模糊集定性比较分析法探讨宏观的制度层面（政策供给、政策协调）、中观的资源层面（技术来源）和微观的组织层面（中介机构实力、身份自治）5 个条件对于科技成果转化高绩效的组态效应。本章的跨区域研究解释了中国成果转化中介机构转化绩效的差异，进一步为第 3 章所构建的成果转化多层视角组态模型提供了强有力的实证依据。研究发现，3 种不同的条件组合能导致高绩效成果转化，每种路径都产生于不同的政策背景、技术资源和组织条件，体现了它们相互关联的特定逻辑：第一，政策供给下中介实力型

（主导式），表现为区域政策供给高效、政策协调度好，此时只要成果转化中介机构实力强，就能够产生高绩效；第二，政策协调下技术资源型（沉浸式），特点是区域政策协调程度高、区域大学资源丰富，此时即使成果转化机构实力不强，也可以产生高绩效成果转化；第三，政策协调下身份自洽型（自洽式），表现为区域政策协调程高、成果转化中介技术人员的身份自洽（一致性）程度高，此类条件组合下，只要保证区域政策的供给效率，就能够促成成果转化高绩效的产生。说明中介机构管理者的行为对于资源条件和组织条件具有一定替代性。成果转化中介机构管理者可以通过应用提升技术人员身份自洽度的措施促进科技成果转化绩效。

进一步研究发现，资源要素对于政策要素和组织要素有一定的替代性，通过提升区域技术资源水平、对接国内外先进技术等措施能促进转化绩效提升；管理者行为对于组织要素和资源要素具有一定替代性，成果转化中介机构的管理者可以通过提高技术人员对于成果转化系统的身份一致性（自洽度）促进机构科技成果转化效率的提升。

# 第5章 多层视角下科技成果转化政策组态效应与绩效实证研究——以科技企业为立足点

第4章以科技成果转化中介机构为立足点，基于政策供给和政策协调（宏观制度层面）、技术来源（中观区域层面）、转移实力和技术人员身份自治（微观组织及管理者层面）的相互关系，实证探讨并检验三层次前因条件对于科技成果转化中介机构转化绩效的影响和作用，并提出提升科技成果转化中介机构转化绩效的三种组态路径。本章以科技成果转化企业为立足点，以企业实力和研发投入为微观组织及管理者层面的前因条件，同样以政策供给和政策协调为宏观制度层面和技术来源为中观区域层面条件，探究三层次前因条件对于科技企业成果转化绩效的影响和作用，并进行实证检验，进一步提出提升科技企业转化绩效的三种组合路径，为第3章所建构的理论模型提供强有力的实证依据。

## 5.1 理论分析与研究框架

### 1. 政策供给和企业成果转化

从宏观上来说，政府通过制定规范引导创业活动方向，政策供给起到鼓励并促进技术转让的作用（李凡，林汉川，刘沛罡，2015）。一方面，任务导向型政策供给引导企业技术和创新发展的方向，引导技术整合，促进创新的发生（Ergas，1987；Cantner and Pyka，2001）；扩散导向型政策供给则通过建设科学基础设施，为更高级的产品生命周期提供技术支持，促成技术转让和合作（Ergas，1987；Link，2010）。另一方面，根据具体情况设计适当的政策工具是实现高效成果转化的必要条件（Lehmann and Menter，2018）。例如，通过颁布资助知识产权开发的政策和激励或补贴利用大学知识的研发投资的政策，能促进公共资金用于加强国家技术转让系统建设，从而为包括企业在内的各种利益相关方提供更有效的创新和创业成果（Perkmann et al.，2013）。

此外，区域位置影响科技成果转化政策对企业转化绩效的作用。地理位置在同一国家或地区的企业在共同的制度背景下运作，往往比在不同国家或地区的企业更为相似（Jefferson et al.，2017）。创业型大学所处的制度环境影响着大学如何支持其所在地区的企业进行创新创业和价值创造（Cunningham et al.，2018）。在中国，不同层面和不同地区的成果转化政策在着力点、实施效果检查、政策工具等方面都存在差异（Huang et al.，2013；卢章平、王晓晶，2013；杜伟锦等，2017），在一定程度上影响了地方高校科技成果转化工作的绩效（朱娅妮、余玉龙，2021）。

2. 政策协调和企业成果转化

成果转化政策的内容和种类繁多，需围绕主要政策建立配套政策工具并加以灵活运用方能实现政策效果（Guerzoni and Raiteri，2015；杜根旺、汪涛，2019）。面向不同层面、区域和对象的政策保持协调一致（Isabel et al.，2008；汪涛等，2011）以及产学研等部门间广泛的互动、全国性的协调政策和刺激（如拨款、补贴、税收优惠、创新活动的税收抵免等）才能鼓励企业和外部技术资源加强研究合作，从而提升技术转移转化效率（Kirby and Hadidi，2019）。良好的政策协调能放大政策效果，反之则可能削弱政策效果。

同第4章所阐述的一样，与外部环境相匹配的科技政策能有效促进创新。科技成果转化政策设计需具备随机多路径的信息反馈机制，考虑普通民众的参与与作用，方能获得公众对科技政策的支持，进而提升转化成效（Lin and Berg，2001；王宏起等，2013；郑宇冰等，2015；尚智丛、杨萌，2013）。

3. 区域技术资源和企业成果转化

大学与企业间的互动属于技术转移中观层面的互动（Cunningham and O'Reilly，2018）。大学和政府研究中心等公共部门是知识的生产者（Etzkowitz and Leydesdorff，2000），同时也是传播者，在知识转移、孵化、指导和咨询方面为企业提供支持，使其产生更多的创新成果（朱娅妮、余玉龙，2021）。靠近大学的重点企业显著表现出更高水平的创新活动（Audretsch and Lehmann，2005）。但也有学者认为企业创新并不一定依赖地方大学所提供的学术知识，例如部分初创企业通过获得地方大学以外的其他机构提供的研究项目和技术支持满足其技术需求（Zucker and Darby，2001）。处于行业学术知识前沿的高度创新的公司，会在全球范围内寻求卓越的学术成果进行合作，建立全球研究网络，开展创新创业活动（Laursen et al.，2011）。

如前所述，大学技术资源对于区域科技成果转化基础系统的构建（Cesaroni and Piccaluga，2016）乃至创业生态系统的构建（Audretsch and Link，2017）都非常重要。大学—企业的技术转化模式反映了大学在该区域和社会发展中所扮演的角色。大学技术开发与转让、与企业开展合作研究、与没有研发部门的企业建立合资企业等都是大学参与企业成果转化的方式。

### 4. 企业实力与科技成果转化

组织规模影响组织的技术转移机制。规模大的组织拥有更复杂、更多样化的资源和能力，以及更多的技术人员和技术诀窍，同时，规模经济使得企业拥有更大的业务量，能承受更大的创新损失和风险，有能力进行更多创新（Damanpour and Evan，1984）。但也有学者认为，公司成立年份和组织规模等组织基本背景通常导致复杂的行政结构和内部惯性，可能妨碍外部学习的协调和沟通，降低对外部获得的技术的适应性，从而降低转化绩效（Camiso'n-Zornoza et al.，2004）。

### 5. 研发投入和企业成果转化

企业进行创新活动的途径有两种：一是持续的内部投资，二是购买外部技术资源。两种途径都涉及创新投入，即研发投入。研发投入是企业决策者在促进企业创新中发挥作用的主要方式。尽管衡量绩效的指标各不相同，研发投入对企业创新绩效的重要作用已经在许多实证研究中被证实（Cohen and Levinthal，1990）。企业的研发支出不仅在企业内部产生新的知识和发明，而且也能加强企业与外部资源的联系，提高企业从竞争对手、政府和大学实验室等外部机构中吸收和利用现有知识的能力（Pandza and Holt，2007）。

据此构建研究模型如图5－1所示。对于科技成果转化企业而言，管理者行为通常用企业实力和研发投入进行刻画。

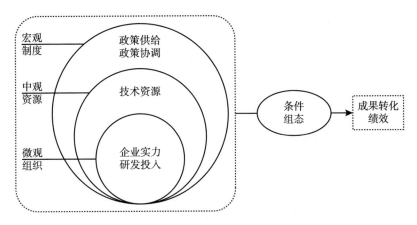

**图5－1　科技企业成果转化政策多层视角组态模型**

## 5.2　研究方法

### 5.2.1　定性比较分析法

本部分尝试通过组态模型分析宏观的制度—中观的区域资源—微观的组织和管理背景下科技成果转化政策特征条件以及其他条件的多重互动关系和科技企业转化绩效的驱动机制，拟采用模糊集定性比较分析法开展实证检验。

### 5.2.2　样本选择和数据来源

本章的研究主要是针对科技企业的成果转化政策供给、政策协调、技术资源和管理者行为，样本的筛选过程以及样本的数据来源同第4章所述。共发放问卷909份，问卷内容涵盖对科技企业实力、对成果转化政策供给与政策协调的感受、对企业研发投入的评价以及对转化绩效的评价等内容。有效问卷中科技企业的问卷有 186 份，其中广东省有效问卷 66 份，湖北省 29 份，上海市 49 份，浙江省 42 份，总体回收率约 20%。问卷采用李克特五级量表。

# 5.3  实证分析

## 5.3.1  结果变量

采用"企业开发的创新数量"指标，即专利数量（含申报）和新产品数量衡量科技企业创新产出（代表技术开发阶段的主导产出）（Alvarado-Vargas et al.，2017）。由于成果转化是指付诸实践的新想法，因此，同时采用"新产品产值"这一指标衡量科技企业知识商业化阶段绩效（代表成果转化阶段绩效的主导产出）（李培楠等，2019）。

## 5.3.2  条件变量

1. 政策供给

参考现有研究（Ergas，1987；Link，2010；Alic，2001；贺俊，2017；李发福，2008），从指向性、特异性、支持性、体系性四方面表达科技成果转化政策的供给特点。由于只有三级指标数据，因此将所有的三级指标数据进行验证性因子分析后抽取。足够的资源帮助、完善的战略性研究基础设施、通用性技术研发机构和技术扩散体系建设为一个二级指标；聚焦特定行业（阶段）或特定技术、扶持新兴产业为另一个二级指标；政策目标明确、足够的经费、补贴、税收等财政补助、足够的财政支持（货币性）为第三个二级指标（分析结果见表 5-1）。

2. 政策协调

根据李春成和和金生（2009）、杜根旺和汪涛（2019）、郑宇冰等（2015）等的研究，从协调互补性、适应灵活性、参与反馈性和文化科学性四个维度表达我国成果转化政策的协调特点。同样,将所有的三级指标数据进行验证性因子分析后抽取四个二级指标(分析结果见表5-2)。第一,专家学者的政策传播、政策制定的公众参与度、政策执行的公众参与度、政策制定与执行中的公众诉求可表达性以及多种信息反馈渠道的可使用性、畅通性、回应性;第二,不同层面政策矛盾协调度、不同层面政策重叠协调度、政策的矛盾或交叉问题被及时妥善处理的程度、组织内政策学习、新政策的公众理解程度;第三,政策的综合可得性、政策制定的文化适应性;第四,政策根据供应情况变化被调整的程度、政策根据需求情况变化被调整的程度。

3. 研发投入

采用企业领导对研发工作的重视程度和近三年研发投入增加程度两个指标刻画科技企业的研发投入情况,体现管理者在组织行为中的作用。

4. 企业特征

采用企业的规模、成立年限、员工教育背景和技术人员数(Jefferson et al.,2017)四个指标刻画科技型企业特征,体现组织资源的作用。

5. 技术资源

采用最近公布的区域/地区高校数量刻画这一特征指标,同时参考区域/地区科研院所数量(Chen et al.,2016)。以上指标皆采用均值进行后续分析。

## 5.3.3 分析过程

本部分采用验证性因子分析与模糊集定性比较分析相结合的方法进行分析。对5位成果转化科技企业的相关高级管理者(企业主)分别进行半结构化访谈,以验证题项的效度。测量量表见附录3。

1. 验证性因子分析法分析结果

(1)政策供给条件验证性因子分析。利用SPSSAU软件对186份问卷数据进行验证性因子分析法分析。由表5-1可知,在信度方面,政策供给量表总信度Cronbach's α为0.7,各测量题项信度均在0.7左右,3个因子的组合信度分别为0.661、0.564、0.470,总体高于建议的0.50(何帅、陈良华，2019）。

表 5 - 1　　　　　政策供给各题项验证性因子分析法分析结果

| 潜变量 | 测量项（显变量） | 测量题项信度 | 总信度 | KMO 值 | 标准误差（Std. Error） | z（CR 值） | p 值 | 标准载荷系数（Std. Estimate） | AVE 平方根 | 组合信度 |
|---|---|---|---|---|---|---|---|---|---|---|
| 因子1 | ZC2 | 0.681 | | | — | — | — | 0.461 | | |
| | TX3 | 0.670 | | | 0.361 | 4.865 | 0.000 | 0.748 | 0.596 | 0.661 |
| | TX2 | 0.663 | | | 0.279 | 4.649 | 0.000 | 0.585 | | |
| | TX1 | 0.660 | | | 0.276 | 4.461 | 0.000 | 0.534 | | |
| 因子2 | ZX1 | 0.678 | 0.700 | 0.711 | — | — | — | 0.606 | | |
| | ZX2 | 0.655 | | | 0.321 | 4.716 | 0.000 | 0.624 | 0.569 | 0.564 |
| | TY3 | 0.696 | | | 0.209 | 4.040 | 0.000 | 0.434 | | |
| 因子3 | TY1 | 0.677 | | | — | — | — | 0.550 | | |
| | ZC3 | 0.702 | | | 0.317 | 3.483 | 0.000 | 0.433 | 0.470 | 0.470 |
| | ZC1 | 0.683 | | | 0.267 | 3.575 | 0.000 | 0.457 | | |

资料来源：经 SPSSAU 软件数据分析结果整理得到。

使用因子分析进行信息浓缩研究，首先需分析研究数据是否适合进行因子分析。从表 5 - 1 可知，检验统计量 KMO 值为 0.711，高于建议的 0.7，Bartlett 球形度检验近似卡方值为 470.844，相应的 P 值为 0.000，低于 0.001 的显著性水平，说明研究数据适合进行因子分析。

区分效度数据表明，因子 1 的 AVE 平方根值为 0.596，大于因子间相关系数绝对值的最大值 0.315；因子 2 的 AVE 平方根值为 0.569，大于因子间相关系数绝对值的最大值 0.321；因子 3 的 AVE 平方根值为 0.470，大于因子间相关系数绝对值的最大值 0.321，表明因子 1、因子 2 和因子 3 的区分效度良好。

由表 5 - 1 可知，各项拟合指标总体符合要求。

对应附录 3 量表可知，因子 1 为足够的资源帮助、完善的战略性研究基础设施、通用性技术研发机构和技术扩散体系建设；因子 2 为聚焦特定行业（阶段）或特定技术、扶持新兴产业；因子 3 为政策目标明确、足够的经费、补贴、税收等财政补助、足够的财政支持（货币性）。

（2）政策协调条件验证性因子分析。由表 5 – 2 可知，在信度方面，政策协调量表总信度 Cronbach's α 为 0.892，各测量题项信度均在 0.9 左右，4 个因子的组合信度分别为 0.843、0.772、0.614 和 0.606，高于建议的 0.50。

表 5 – 2　　　　政策协调各题项验证性因子分析法分析结果

| 潜变量 | 测量项（显变量） | 信度 | 总信度 | KMO 值 | 标准误差（Std. Error） | z（CR 值） | p 值 | 标准载荷系数（Std. Estimate） | AVE 平方根 | 组合信度 |
|---|---|---|---|---|---|---|---|---|---|---|
| 因子1 | WH5 | 0.887 | | | — | — | — | 0.514 | 0.667 | 0.843 |
| | CY6 | 0.882 | | | 0.203 | 6.451 | 0.000 | 0.689 | | |
| | CY5 | 0.880 | | | 0.193 | 6.019 | 0.000 | 0.609 | | |
| | CY4 | 0.883 | | | 0.191 | 5.982 | 0.000 | 0.602 | | |
| | CY3 | 0.885 | | | 0.201 | 6.560 | 0.000 | 0.711 | | |
| | CY2 | 0.886 | | | 0.233 | 6.723 | 0.000 | 0.748 | | |
| | CY1 | 0.884 | | | 0.236 | 6.671 | 0.000 | 0.736 | | |
| 因子2 | XT1 | 0.885 | 0.892 | 0.912 | — | — | — | 0.629 | 0.644 | 0.772 |
| | WH6 | 0.886 | | | 0.181 | 7.837 | 0.000 | 0.730 | | |
| | WH4 | 0.889 | | | 0.144 | 7.053 | 0.000 | 0.633 | | |
| | XT3 | 0.886 | | | 0.145 | 6.121 | 0.000 | 0.531 | | |
| | XT2 | 0.882 | | | 0.166 | 7.182 | 0.000 | 0.648 | | |
| 因子3 | SY5 | 0.892 | | | — | — | — | 0.544 | 0.588 | 0.614 |
| | WH2 | 0.890 | | | 0.203 | 4.963 | 0.000 | 0.609 | | |
| | WH1 | 0.891 | | | 0.194 | 4.991 | 0.000 | 0.621 | | |
| 因子4 | SY3 | 0.889 | | | — | — | — | 0.693 | 0.659 | 0.606 |
| | SY4 | 0.887 | | | 0.158 | 6.016 | 0.000 | 0.628 | | |

资料来源：经 SPSSAU 软件数据分析结果整理得到。

从表 5 – 2 可知，检验统计量 KMO 值为 0.912，高于建议的 0.7，Bartlett 球形度检验近似卡方值为 1055.972，相应的 P 值为 0.000，低于 0.001 的显著性水平，说明研究数据适合进行因子分析。

根据区分效度数据，因子 1 的 AVE 平方根值为 0.667，小于因子间相关系数绝对值的最大值 0.691；因子 2 的 AVE 平方根值为 0.644，小于因子间相关系数绝对值的最大值 0.691，表明因子 1 和因子 2 区分效度欠佳。但经综合考虑 KMO 值和 Cronbach's α 值后保留了这两个因子的划分。因子 3 的 AVE 平方根值为 0.588，大于因子间相关系数绝对值的最大值 0.429；因子 4 的 AVE 平方根值为 0.659，大于因子间相关系数绝对值的最大值 0.517，表明这两个因子的区分效度良好。

对应附录 3 量表可知，因子 1 为专家学者的政策传播、政策制定的公众参与度、政策执行的公众参与度、政策制定与执行中的公众诉求可表达性以及多种信息反馈渠道的可使用性、畅通性、回应性；因子 2 为不同层面政策矛盾协调度、不同层面政策重叠协调度、政策的矛盾或交叉问题被及时妥善处理的程度、组织内政策学习、新政策的公众理解程度；因子 3 为政策的综合可得性、政策制定的文化适应性；因子 4 为政策根据供应情况变化被调整的程度、政策根据需求情况变化被调整的程度。

2. 变量的校准

条件变量中的研发投入及结果变量（科技企业成果转化绩效）的完全不隶属、交叉点和完全隶属 3 个校准点分别设定为"均值 – 标准差""均值"和"均值 + 标准差"。条件变量中的企业实力的完全不隶属、交叉点和完全隶属 3 个校准点分别设定为"最大值""均值"和"最小值"。校准数值见表 5 – 3。

表 5 – 3　　　　　　　　条件变量与结果变量的校准

| 变量 | 变量描述 | 完全不隶属 | 交叉点 | 完全隶属 |
|---|---|---|---|---|
| SUPPY | 政策供给指向 | 3.37 | 3.84 | 4.31 |
| CORD | 政策协调程度 | 3.05 | 3.64 | 4.23 |
| RD | 研发投入 | 3.77 | 4.32 | 4.87 |
| FIRM | 企业实力 | 2.12 | 2.62 | 3.12 |
| UNI | 地区大学数量 | 79.959 | 115.97 | 151.981 |
| PERF | 成果转化成效 | 3.59 | 4.04 | 4.49 |

资料来源：根据定性比较分析法数据分析结果整理得到。

## 5.3.4　研究发现

### 1. 单个条件的必要性分析

在对条件组态进行分析之前，首先需要对单个条件的必要性逐一进行检验。必要条件是结果发生必须存在的条件，但是它们的存在并不必然导致结果的发生。表 5－4 是五个前因条件对科技企业转化高绩效的必要性分析结果。由表 5－4 可知，所有条件的一致性值均低于 0.9，表明没有条件构成科技企业转化高绩效的必要条件，意味着需要进一步考察各条件组态对科技企业转化高绩效的影响。

表 5－4　　　　　　　　　　　　　必要条件检测

| 前因条件 | 高科技成果转化成效 | | 非高科技成果转化成效 | |
|---|---|---|---|---|
| | 一致性 | 覆盖度 | 一致性 | 覆盖度 |
| 技术来源 UNI | 0.590372 | 0.647719 | 0.697669 | 0.558358 |
| ~ 技术来源 uni | 0.560992 | 0.600190 | 0.495744 | 0.620528 |
| 企业特征 FIRM | 0.602382 | 0.663786 | 0.635624 | 0.525044 |
| ~ 企业特征 firm | 0.536774 | 0.571852 | 0.621192 | 0.639414 |
| 政策供给 SUPPY | 0.738957 | 0.755148 | 0.498705 | 0.490088 |
| ~ 政策供给 suppy | 0.436129 | 0.502689 | 0.669545 | 0.716833 |
| 政策协调 CORD | 0.727245 | 0.756063 | 0.48415 | 0.472258 |
| ~ 政策协调 cord | 0.437717 | 0.495005 | 0.681757 | 0.722698 |
| 研发投入 RD | 0.763771 | 0.718755 | 0.521771 | 0.545455 |
| ~ 研发投入 rd | 0.398908 | 0.509122 | 0.65388 | 0.646804 |

资料来源：根据定性比较分析法数据分析结果整理得到。

### 2. 组态条件的充分性分析

本书采用模糊集定性比较分析法 3.0 软件分别分析导致科技企业成果转化高绩效和非高绩效的条件组态，这些不同的组态表示实现同一结果（成果转化高绩效、成果转化非高绩效）的不同条件要素。同时根据组态理论化过程，对本书发现的组态进行命名（Furnari et al.，2020）。

表5-5为实现企业成果转化高绩效的组态分析结果。结果呈现采用拉金（2008）提出的方法，●表明条件存在，即条件变量取值较高，大黑点表示该条件为"核心条件"，小黑点表示该条件为"边缘条件"；⊗表示条件缺失；空格表示该条件变量的存在对于结果的发生没有影响。表中组态顺序依照一致性值的大小从左至右排列。

产生科技企业转化高绩效的条件组合有5种，总体一致性为0.837。就单个组态而言，五种组态的一致性值分别为0.89、0.88、0.85、0.88和0.88，均高于普遍接受的一致性标准0.80。意味着在所有满足这5类条件组态的科技企业案例中，有80%以上的成果转化呈现出较高的成效水平。解的总体覆盖度为0.62，意味着5类条件组态可以解释62%的科技企业成果转化高绩效。解的一致性和解的覆盖度均高于临界值，表明实证分析有效。

**表5-5**                 **实现科技企业成果转化高绩效的组态**

| 解（条件组态） | 1 | 2 | 3 | 4 | 5 |
|---|---|---|---|---|---|
| 政策供给（ZCGJ） | ● | ● | | | ● |
| 政策协调（ZCXT） | | • | ● | ● | ⊗ |
| 研发投入（RD） | | | ● | | ● |
| 企业特征（FIRM） | ● | ● | | ● | |
| 技术资源（UNI） | ⊗ | | ● | | ⊗ |
| 一致性 | 0.886048 | 0.879592 | 0.846088 | 0.87772 | 0.879251 |
| 原始覆盖度 | 0.27861 | 0.401687 | 0.388486 | 0.400397 | 0.177072 |
| 唯一覆盖度 | 0.0146898 | 0.0220347 | 0.106005 | 0.0161786 | 0.032258 |
| 总体解的一致性 | 0.837271 | | | | |
| 总体解的覆盖度 | 0.62253 | | | | |

注：●表示条件变量出现，⊗表示条件变量不出现。其中，大黑点表示核心条件，小黑点表示边缘条件。空格表示条件变量可有可无。

资料来源：根据定性比较分析法数据分析结果整理得到。

3. 实现科技企业转化高绩效的条件组合

将原始一致性阈值设定为0.85，案例频数阈值设定为1。通过中间解与简约解的嵌套关系对比，识别每个解的核心条件，既在中间解也在简约解中出现的条件为该解的核心条件，只在中间解中出现的条件为边缘条件（杜运周、贾良定，2017）。因此，表5-5分析结果中组态1至组态5的转化条件如下。

（1）政策供给下企业实力型。组态1表示以政策供给高效、企业实力强大为核心条件的组合能产生科技企业转化高绩效。这种条件组合呈现出技术转移的制度条件和组织条件特征。此类条件中，政策供给效率高，体现在：第一，政府提供足够的人员、场地、信息等完善的战略性研究基础设施建设（如国家实验室）、完善的通用性技术研发机构建设（如公共研发平台）、完善的技术扩散体系建设（如国家实验室、共性技术开发中心、专业或公共科技成果转化平台等）；第二，政策聚焦特定的行业（阶段）或特定技术，扶持新兴产业（如新能源、新材料、信息、生物等）；第三，政策目标较明确（对某一技术或技术领域的目标和应用进行较为明确的描述），能够提供足够的经费、补贴、税收等财政支持。同时，此类条件中，企业实力强大，表现为企业规模大、成立年限长、技术人员数量多和员工教育背景高。

对典型案例进行研究后发现，处于这类成果转化条件的19个案例中有10个出现在上海市，另外9个出现在浙江省，符合上海市在科技成果转化政策供给方面一直是国家试点且处于领先地位的实际情况；而浙江省毗邻上海，在转化政策供给方面紧追上海步伐，此外浙江省是全国科技成果转化示范区，不少政策措施走在全国前列。因此该环境条件说明，在地区已经具备一定的制度供给条件下，只要具有较强的实力，科技企业就能够获得高绩效成果转化。

（2）政策条件下企业实力型。组态2表明，同样以高程度政策供给和企业实力强大为核心条件，辅以高效率政策协调为边缘条件，也是产生高绩效成果转化的条件组合。本书发现，组态2和组态1一样体现出制度条件和组织条件要素。组态2条件下，良好的政策条件不仅包括高效率政策供给，也包括高程度政策协调。政策高程度协调体现在：第一，专家学者开展广泛的政策传播；公众参与度、公众诉求可表达性以及多种信息反馈渠道的可使用性、畅通性、回应性高；第二，不同层面政策矛盾协调度高、不同层面政策重叠协调度高（功能、对象等重叠）、政策的矛盾或交叉问题能及时妥善处理（如人才技术支持、科技融资、财政政策等问题），且组织内经常开展政策学习，新政策的公众理解程度高；第三，政策的综合可得性、政策制定的文化适应性高；第四，政策能根据供需情况及时调整。这种组合说明在区域政策条件较好的情况下，只要科技企业具备足够的实力，就能利用自身资源和能力实现创新。处于这类组态的也有 19 个案例，其中 8 个在上海市，6 个在广东省，2 个在湖北省，3 个在浙江省，说明这类组态具有普遍性，需要重点关注。

（3）政策协调下高投入技术资源型。组态 3 表明，高程度政策协调、高强度企业研发投入和丰富的地区技术资源条件的组合可以产生成果转化高绩效。本书发现，此类条件呈现出制度资源、组织资源和技术资源三者匹配的特征。此类条件组合中，地区的科技成果转化政策协调程度高，科技企业的研发投入强度大，表现为企业领导对研发投入非常重视、企业近3 年研发投入经费大幅增加，同时地区的技术资源丰富。这种组合说明，在区域政策供给效率一般的条件下，只要对现有政策的协调有效，企业研发投入充足，若地区技术资源丰富，则科技企业可以产生转化高绩效。处于这类组态的 19 个案例全部出现在广东省。4 个区域中，广东省拥有高校154 家，高于湖北省、浙江省和上海市，高校资源数量相对丰富①。这一研究结果与广东省高校资源在 4 个地区中最为丰富的实际情况相统一。

（4）政策协调下高投入企业实力型。组态 4 表明，高程度政策协调、高强度企业研发投入和强大企业实力为条件的组合也可以产生成果转化高绩效。本书发现，这类条件亦呈现出制度资源、组织资源和技术资源三者相匹配的特征。与组态 3 一样，地区的科技成果转化政策协调程度高，科技企业的研发投入强度大，企业实力强，表现为企业规模大、成立年限长、技术人员数量多和员工教育背景高。这种组合说明，在区域政策供给效率一般的条件下，只要对现有政策的协调有效，企业实力强大且研发投入充足，则可以产生转化高绩效。此类条件组合证实并拓展了现有研究的观点，即更大的组织拥有更复杂和多样化的资源和能力，比如更多的技术人员和更多的技术诀窍，使企业能采用更多的创新（Hitt et al.，1991）。同时，本书发现科技企业人员拥有更高的教育背景，这也是促进企业成果转化的要素之一。与组态 3 相比，组态 4 处于这类成果转化条件的案例在

---

① 教育部网 [EB/OL]. http：//www. moe. gov. cn/jyb_xxgk/s5743/s5744/202007/t20200709_470937. html.

调研涉及的四个区域均有出现。处于这类组态的 19 个案例中有 6 个在上海市，9 个在广东省，湖北省和浙江省各 2 个。与组态 2 一样，组态 4 也是比较具有普遍性的组合。

（5）政策供给下研发投入型。组态 5 表明，在政策协调欠佳、地区技术资源不强的情况下，只要具备高效率的政策供给和企业研发投入的条件，也能产生企业转化高绩效。本书发现，该条件组合亦呈现出成果转化的制度条件与组织条件（管理者行为）的匹配特征。此类条件组合中，政策协调度不高，但政策供给力度大，同时企业研发投入强度高。该组合亦印证并拓展了现有研究的观点，即管理人员可以通过投资于内部研发和与外部资源建立联系来建立知识储备，提高企业创新（成果转化）的绩效（Cohen and Levinthal，1990）。处于此类条件的案例数量较少，共有 6 个，其中 5 个出现在浙江省，一个出现在上海市。与两地政策供给较为丰富，以及技术资源（大学数量）在 4 个地区中处于劣势的实际情况一致。

通过综合比较可进一步发现条件之间的互动关系。组态 1 企业实力强，组态 5 研发投入大，说明研发投入（管理者行为）对企业实力（组织要素）具有一定替代性。组态 2 和组态 4 都包含政策协调和企业实力要素，但是组态 4 中研发投入强度高，虽然政策供给效率不高，但也能产生高绩效，说明研发投入（管理者行为）对于政策供给（制度要素）有替代作用。组态 2 和组态 5 都包含政策供给要素，组态 2 企业实力强且地区政策协调较好，组态 5 研发投入强但政策协调效率不高，意味着研发投入（管理者行为）对政策协调（制度要素）和企业实力（组织要素）具有一定替代性。组态 3 和组态 4 都包含政策协调和研发投入要素，组态 4 企业实力较强，组态 5 地区技术资源较强，意味着企业实力（组织要素）对于技术资源（资源要素）有替代性。

故将 5 种组态归纳为三类，其中，第 1 种和第 2 种组态归纳为政策供给下企业实力型，第 2 种和第 3 种组态归纳为政策协调下研发投入型，第 5 种为政策供给下研发投入型。

4. 产生科技成果转化非高绩效的条件组合

本书也检验了科技企业产生成果转化非高绩效的条件要素。将原始一致性阈值设定为 0.80，案例频数阈值设定为 1，产生非高绩效的组态有 3

种，见表5－6。本书发现组态 N1、组态 N2、组态 N3 都呈现出企业研发投入不强的特征。说明当地方成果转化政策协调程度不高并且科技企业研发投入不强时，无论技术资源、科技企业实力和地区技术资源是否强，都会导致非高的科技成果转化成效。

表5－6　　　　　　科技企业成果转化非高绩效的组态

| 解（条件组态） | N1 | N2 | N3 |
|---|---|---|---|
| 政策供给（ZCGJ） | ⊗ | ⊗ | |
| 政策协调（ZCXT） | ⊗ | ⊗ | ⊗ |
| 研发投入（RD） | ⊗ | ⊗ | ⊗ |
| 企业特征（FIRM） | ⊗ | | ⊗ |
| 技术资源（UNI） | | ⊗ | ⊗ |
| 一致性 | 0.87945 | 0.87493 | 0.882921 |
| 原始覆盖度 | 0.330323 | 0.365162 | 0.268035 |
| 唯一覆盖度 | 0.0879767 | 0.122815 | 0.0256891 |
| 总体解的一致性 | 0.860818 | | |
| 总体解的覆盖度 | 0.478827 | | |

注：●表示条件变量出现，⊗表示条件变量不出现。其中，大黑点表示核心条件，小黑点表示边缘条件。空格表示条件变量可有可无。

资料来源：根据定性比较分析法数据分析结果整理得到。

### 5. 稳健性检验

在定性比较分析法分析中，选择的原始一致性阈值将决定进入最小化分析过程中的组态数量，从而影响最终的分析结果。借鉴张明和杜运周（2019）的研究，将一致性阈值从 0.85 提高到 0.90，即采用更为严格的阈值进行分析，分析结果如表5－7所示。在提高一致性阈值后，总体解的一致性提高至 0.901，总体解的覆盖度降低至 0.367。综合比较两个一致性阈值水平下的组态结果，表5－7中的组态1、组态2、组态3为表5－5中实现科技企业转化高绩效的组态1、组态2、组态3的子集，表明本书研究结论具有稳健性。

**表 5 - 7**　　　　　　　　**实现科技企业成果转化高绩效的组态**

| 解（条件组态） | 1 | 2 | 3 |
|---|---|---|---|
| 政策供给（ZCGJ） | ● | ● | ⊗ |
| 政策协调（ZCXT） | | • | ● |
| 研发投入（RD） | ● | ⊗ | ● |
| 企业特征（FIRM） | ● | ● | ● |
| 技术资源（UNI） | ⊗ | ● | ● |
| 一致性 | 0.916456 | 0.901221 | 0.921355 |
| 原始覆盖度 | 0.251513 | 0.168437 | 0.151166 |
| 唯一覆盖度 | 0.148089 | 0.0519105 | 0.0346401 |
| 总体解的一致性 | 0.901392 | | |
| 总体解的覆盖度 | 0.366551 | | |

注：•表示条件变量出现，⊗表示条件变量不出现。其中，大黑点表示核心条件，小黑点表示边缘条件。空格表示条件变量可有可无。

资料来源：根据定性比较分析法数据分析结果整理得到。

# 5.4　研究结论

本章的跨区域研究解释了中国科技企业成果转化绩效的差异，进一步为第 3 章所建构的成果转化多层视角组态模型提供强有力的实证依据。通过综合运用验证性因子分析法和模糊集定性比较分析法综合讨论政策供给、政策协调、技术资源、企业实力和研发投入 5 个条件对科技企业成果转化高绩效的条件组态效应后发现，3 大类不同的条件组合能导致科技企业高绩效成果转化，每类组合都产生于不同的政策背景、技术资源和组织条件，体现了它们相互关联的特定逻辑：第一，政策供给下企业实力型（主导式），以区域政策供给高效和企业实力强大为特征，即使区域技术资源不足也可以产生高绩效；第二，政策协调下研发投入型（沉浸式），以区域政策协调高效、企业研发投入密集以及区域技术资源丰富或企业实力雄厚为特色；第三，政策供给下研发投入型（投入式），主要表现为在区域成果转化政策协调性一般和区域技术资源并不充足的条件下，区域政策供给有效和科技企业高密度研发投入带来的转化高绩效。

　　进一步的比较分析表明，管理者行为对组织和制度条件具有一定的替代作用，这意味着科技企业管理者增加研发投入是促进企业成果转化绩效的可行途径。此外，组织条件对资源条件具有一定的可替代性，这意味着科技企业管理者致力于扩大企业规模、提高员工的教育背景、增加技术人员的数量是促进成果转化绩效的有效途径。

# 第6章 科技成果转化政策多层视角框架影响路径研究——以龙盛集团为案例

如前文所述，科技成果转化在社会经济发展中具有极其重要的地位和作用，是经济增长和可持续发展的强大动力。当科技成果转化实际绩效低于期望时，为解决经济发展中面临的诸多问题，相关政策制度安排、技术资源配置、组织和管理行为应随之调整。成果转化多层视角框架为充分理解成果转化成效提供系统和全面的视角，因此有必要对政策条件、资源条件和组织条件的交互影响过程做进一步深入探讨，为政策制定者、技术转让接受者等提供进一步的证据，增强决策能力。由于对科技成果转化政策、资源和组织条件交互影响过程的实证研究需要投入大量人力和物力来获取时间序列数据，而且长期跟踪调查相关企业以获取纵向数据本身具有较高的操作难度，因此，基于演化角度的案例研究并不多见。

本书选取一家典型的科技成果转化案例企业为主要研究对象，采用单案例研究方法，分析其在科技成果转化政策演变过程中的资源、组织和管理特点，从制度演化的角度回答前文提出的核心问题，理顺"制度—资源—组织"的研究思路，从而更加直观地展现本书提出的"政策供给和政策协调（宏观制度层面）—技术来源（中观资源层面）—组织实力和管理者行为（微观组织及管理者层面）—成果转化绩效"框架的合理性。

本章围绕实现连续成果转化的制造企业——浙江龙盛集团股份有限公司（以下简称"龙盛集团"），通过单案例研究方法探索作为科技成果转化主体的企业如何在成果转化政策的长期演化背景下不断实现科技成果转化。

创立于 1970 年的龙盛集团是目前国内纺织染料行业巨头，拥有完整的产品开发、工艺开发、颜色应用服务（CSI）、可持续发展解决方案技术研发体系。随着纺织染料行业自欧美发达国家向亚洲发展中国家迁移的完成，现今中国染料占据全球总产量的近 70%。从小作坊式的乡镇企业一路发展过来的龙盛集团在 50 多年里谱写了科技成果转化的辉煌篇章①。

在我国科技成果转化率普遍不高的情况下，龙盛集团在 20 世纪 70 年代至今是如何实现连续科技成果转化和创新发展的？具体过程是怎样的？在不同的科技政策演化阶段，政府制度、区域技术资源和企业自身组织和管理行为等不同条件在龙盛集团的科技成果转化过程中发挥了何种作用？为回答这些问题，本章开展如下研究。

# 6.1　研究方法和数据来源

## 6.1.1　研究方法

本章采用纵向探索性单案例研究，主要基于以下三点考虑。第一，探索性案例研究能帮助回答"如何"（How）的问题逻辑（Yin, 2003），而本章研究关注传统制造企业如何在政策演化发展中，在"宏观制度—中观区域—微观组织"的多种条件推动下开展连续的科技成果转化，进而实现企业创新绩效的运作机制。探索性案例研究能帮助本书考察不同政策阶段企业实现成果转化的关键要素、过程机制和发展结果，有利于总结和揭示现象背后的因果关系（毛基业、陈诚，2017）。第二，不同于多案例研究，纵向单案例研究聚焦于单个考察对象，允许研究者对案例展开长时间的、系统的、深入的叙事分析，从而获得持续透彻的洞见，以提炼和补充现有的理论（黄江明等，2011；谢洪明等，2019）。第三，探索性纵向案例研究具有动态性和连贯性，有利于凸显传统制造企业在不同的成果转化政策

---

① 2022 年公司年报［J/OL］. 龙盛集团. http://static. sse. com. cn/disclosure/listedinfo/announcement/c/new/2023 – 04 – 15/600352_20230415_I4FR. pdf.

阶段的发展情境、发展过程和发展结果，揭示现象背后隐含的运作机制。

## 6.1.2 案例企业选择及概况

案例选择方面，本书主要遵循匹配性与启发性原则（Eisenhardt and Graebner，2007）。对启发性单案例进行深度抽象和凝练，能够得出具有普适性的研究结论（Siegel et al.，2007）。为此，本书选取连续科技成果转化的标杆企业——龙盛集团作为案例研究对象。案例的选择遵循理论抽样原则。龙盛集团从染料助剂厂发展成以染料、中间体产业核心技术和树脂、材料助剂等新材料为核心能力的循环经济企业，在每一个政策阶段，科技成果转化政策及目标、企业实力及研发投入、技术资源利用和成果转化的绩效都存在差异，能够满足本书挖掘制造企业成果转化实现及运作机制的研究需要。此外，案例企业具有启发性。目前对于如何提高制造企业科技成果转化成功率尚处于多方面探索阶段，选取连续成果转化成功的样本企业作为参考对于其他企业而言具有十分重要的意义。龙盛集团通过持续成果转化，成功实现从单一产品向核心能力及生态制造的高阶转型，成为染料行业的龙头企业和自主创新的代表，对同样开展科技成果转化的企业有较强的实践启示。

## 6.1.3 数据来源

本案例相关数据主要通过相关数据收集、半结构化访谈和现场观察的方法获得。通过访问龙盛集团官方网站、中国知网、中国化工报网、全球纺织网以及其他财经网站如东方财富网、网易财经以及新浪财经等，根据企业官方网站提供的年报数据以及其他公开信息或出版信息筛选出有效数据进行分析。通过面访、电话等方式共计进行了 5 次半结构化访谈。通过半结构化访谈和现场调查对企业的科技成果转化有了进一步的了解。半结构化访谈对象为集团高层。丰富的二手数据确保了案例研究的顺利进行，多渠道信息来源确保了信息的充裕性。

# 6.2　案例呈现

## 6.2.1　企业简介[①]

龙盛集团成立于1970年，前身为浙江省上虞县浬海公社微生物农药厂，后调整产业结构成立上虞县纺织印染助剂厂，于1997年形成规范化股份有限公司，于2003年上市。主营业务为染料化工，同时多元化关联房地产、钢铁等行业。曾获评中国制造业500强、中国石油化工行业100强、全国民营企业500强、中国非国有企业百强企业、浙江省民营企业50强等荣誉称号[②]。集团发展历程见图6-1。

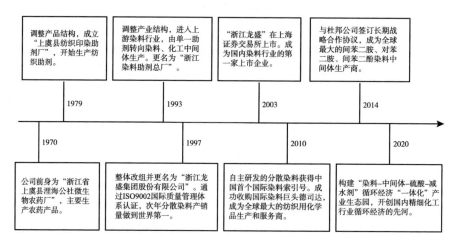

**图6-1　龙盛集团主要发展阶段**

资料来源：根据文献资料整理得到。

---

①　本案例相关信息来自龙盛集团官网及年报等公开信息，官网网址：https：//www. longsheng. com/。

②　项志峰. 加快传统产业升级 发展新型染料产业——在上海涂料染料协会年会上的发言［C］. 2010上海涂料染料行业协会七届会员大会暨涂料染料颜料信息发布会，2010-03-18.

### 6.2.2　案例分析

本书遵循"制度—资源—组织—转化成效"的研究主线，分析每一政策阶段科技成果转化的政策状况、企业利用技术资源的情况、企业实力以及研发投入变化和科技成果转化实现的情况。鉴于数据可得性等原因，本书对龙盛集团成果转化的研发投入分析重点在企业上市之后的发展阶段。具体分析如下。

1. 结构调整政策阶段的成果转化（1979~1995 年）

如表 3-2 所示，这一政策阶段的主要目标是关注技术人才的重要性，强调提高科技人员积极性、促进行业竞争力，同时也关注以市场为导向，将技术与经济结合，将科学技术转化为生产力，从而增强综合国力。

在这一阶段，通过成果转化和自主创新，龙盛集团逐渐由单一的助剂生产转向染料、化工中间体生产，进入了上游染料行业。1995 年，龙盛集团实现亿元产值。具体而言，龙盛集团响应和利用政府科技政策，引进区域技术资源发展技术创新，调整产业结构，大力引进科技人才。

在"利用宏观政府政策—引进中观区域技术资源—提升微观企业实力"的多层视角框架下，龙盛集团的科技人才占比由 1994 年不到 1% 提升到 1998 年的 11%，实现这一阶段的科技成果转化绩效和自主创新发展。此阶段成果转化过程见图 6-2。

2. 法制化发展政策阶段的成果转化（1996~2005 年）

在法制化政策阶段，国家成果转化政策的目标是帮助企业成为成果转化的主体。如表 3-3 所示，这一阶段我国成果转化政策主要有《中华人民共和国促进科技成果转化法》《关于促进科技成果转化的若干规定》《关于加强技术创新、发展高科技、实现产业化的决定》等，主要政策目标是从法律角度规范科技成果转化各主体的行为，确立以企业为主导、政府作为组织者的定位，鼓励高校及科研院所的科研人员加入科研创新。其中，1995 年提出的科教兴国战略以及 1997 年启动"973"计划强调鼓励企业与高校开展合作并有选择性地引进国外技术（朱云鹃等，2017），利用高校科研资源建立联合中心或展开合作，在消化国外技术的基础上进行二次创新。企业研发费用加计扣除政策于 1996 年启动实施，是我国支持企业技术创新的一项重要普惠性政策。

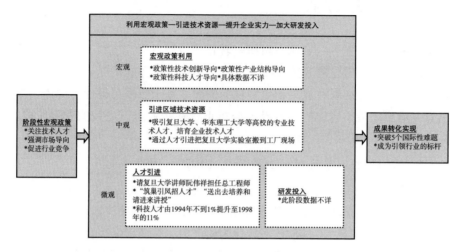

图 6 - 2 1979 ~ 1995 年（结构调整政策阶段）成果转化过程

龙盛集团于 1997 年改造成规范化的股份制有限公司。1998 年，龙盛集团将分散染料的产销量做到世界第一①。2003 年 8 月 1 日，"浙江龙盛"股票在上海证券交易所成功上市。2001 年中国加入 WTO，龙盛集团与其他中国企业一样，通过与外企合作或采取融资的方式引进技术。2005 年 4 月龙盛集团与世界 500 强企业日本伊藤忠商事株式会社合作办厂，建设年产 30 万吨的硫磺制酸项目。该项目采用当时国际先进的 HRS 热量回收系统，没有任何废水废渣排放，且每年可产出 50 万吨蒸汽和 1 200 万千瓦时的电能，成为龙盛科技工业园的"能源引擎"。通过与世界级先进企业开展合作，龙盛集团成功学习到了国际先进技术（李立红、王勇，2006）。

2003 ~ 2005 年龙盛集团不断加大研发力度和技术人才投入（自 2003 年起采取项目小组的方式，成立专门课题攻关小组），开展自主创新，做大人才总量。数据见表 6 - 1。虽然这一时期的研发资金和技术人才投入并未产生显著成果，但为之后企业的发展奠定了基础。

---

① 阮伟祥. 既做创业英雄也做良心使者 [N]. 中华工商时报，2018 - 02 - 08.

表 6 – 1 2003 ~ 2005 年技术人才与研发投入

| 年份 | 研发费用（元） | 技术人才（人） |
|---|---|---|
| 2003 | 2 023 585.11 | 305 |
| 2004 | 2 908 374.06 | 348 |
| 2005 | 3 197 532.31 | 388 |

资料来源：根据龙盛集团历年年报数据整理得到。

　　综上，在这一政策阶段，龙盛集团在宏观层面上跟随国家创新发展方向，通过鼓励开展产学研等相关政策争取科研项目和经费；在中观层面上加深对区域技术资源的利用，大幅扩充技术人员数量，提升企业实力，并加大研发投入，开展技术创新，实现科技成果转化。此阶段龙盛集团实现科技成果转化的多层视角框架组合路径表现为：利用宏观政府政策×深化利用中观区域技术资源×提升微观企业人才规模×管理者加大研发投入。成果转化过程见图 6 – 3。

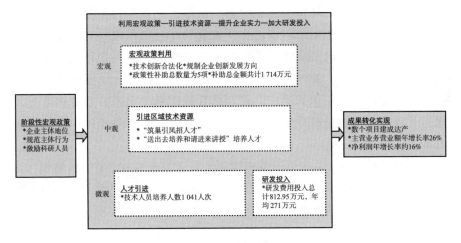

图 6 – 3　1996 ~ 2005 年（法制化发展政策阶段）成果转化过程

### 3. 深层次强化政策阶段成果转化绩效（2006 ~ 2014 年）

　　如表 3 – 4 所示，在深层次强化政策阶段，国家成果转化政策的目标是发展自主创新，通过加大财政投入、金融扶持等方式推进科技成果转化进程。推进科研机构的建设与完善、加快科技服务平台的建立、解决信息不对称等问题也是这一政策阶段的主要目标。

在这一时期，我国经济水平大幅提高，消费快速增长，服饰衣着类需求逐渐加大，同时，2008 年的全球金融危机对国际染料行业产生巨大冲击，欧美染料产业萎缩加剧。龙盛集团抓住政策和市场机遇，加强技术人才投入，提升企业实力，同时加大研发资金投入，大力转化研究成果，发展自主创新。

具体来说，2008 年，龙盛集团通过与一批知名高校建立长期紧密的产学研合作关系，为新产品的开发和老产品的技改工作搭建平台①。这一年，集团建成省级技术中心一个、开放式研发机构一个、国家级博士后科研工作站一个。2010 年，龙盛集团收购国际染料巨头德司达，实现了其名下超过 30 个生产和销售实体、7 000 家客户、全球近21% 市场份额的共享，一跃成为全球最大的纺织用化学品生产和服务商②。

成果转化成效方面，2010 年，龙盛自主研发转化的高牢度分散蓝产品获批染料索号。为打破贸易壁垒，对抗欧盟技术，龙盛集团致力于开发低能耗、高性能的环保型生态染料，获得了一系列自主创新成果。如龙盛集团自主开发分散染料清洁生产集成技术，将每吨染料产生 100 吨左右废水的工艺，改造成接近零排放工艺，解决一直困扰行业的可持续发展环保瓶颈问题，被列为清洁生产示范项目。此外，龙盛集团不断加强已开发染料应用技术的推广，着力提升应用服务水平，在业内率先实现为下游客户提供染料开发、组方、色彩服务、印染服务的一揽子解决方案。

总体而言，在这一阶段，龙盛集团发明专利数突破"0"的局面，并且稳步上升，获得科技进步奖以及省级新产品认定，同时参与多项行业标准的制定，国家级科技项目也实现突破，成果转化取得可喜成绩。相关成效见表 6-2。

---

① 何旭斌. 龙盛染料绿色智造之路［C］. 2017 年上海涂料染料行业协会年会及协会成立三十周年纪念大会暨第六届"绿色涂料发展论坛"、第六届"安全生态染料颜料发展论坛"，2017-04-11.

② 阮伟祥. 与改革开放同频共振［J］. 中国石油和化工，2018-10-05.

表6-2　　　　　　2006~2014年龙盛集团科技成果转化取得成效

| 年份 | 发明专利数（项） | 科技进步奖（项） | 省级新产品（项） | 行业标准制定数（项） | 国家级科技项目（项） |
|---|---|---|---|---|---|
| 2006 | — | — | — | — | — |
| 2007 | 14 | 1 | — | — | — |
| 2008 | 8 | — | — | — | — |
| 2009 | 13 | 2 | 8 | — | — |
| 2010 | 16 | 3 | — | — | — |
| 2011 | 16 | 3 | 12 | 3 | — |
| 2012 | 8 | — | — | 6 | — |
| 2013 | 24 | — | — | 10 | 1 |
| 2014 | 25 | — | 17 | — | — |

资料来源：根据龙盛集团历年年报数据整理得到。

在这一政策阶段，龙盛集团响应国家关于通过资金扶持、建设与完善科研机构、加快科技服务平台建立等措施促进科技成果转化的政策，通过争取政府科研开发项目、资金扶持等方式利用宏观政策，提出外延式购并和内生性技术开发并重的技术战略，一方面与区域技术资源提供方建立联系，通过知识和信息交流优化企业自主创新，例如与多家知名高校建立产学研合作，打造开放式研发平台和国家博士后工作站并开展供应链整合；另一方面通过收购国际技术领先企业获得技术资源。

此阶段龙盛集团实现科技成果转化的多层视角框架组合路径表现为：利用宏观政府政策×引进和拓展中观区域技术资源×提升微观企业规模×管理者加大研发投入。成果转化过程见图6-4。

4. 体制完善政策阶段成果转化绩效（2015年至今）

如表3-5所示，在体制完善政策阶段，科技成果转化政策不再是简单的税收减免等方式，而是以构建良好市场氛围为主；不再强调企业的重要性，而是致力于解决科技成果转化各主体之间的信息协调问题；鼓励科研人员参与企业成果转化的过程，加大对科技人员的激励，强化科技人员对科技成果的处置权。

这一时期，染料产业自欧美向亚洲发展中国家迁移的过程基本结束，中国成为最大的染料出口国和最大的染料需求国。东南亚纺织服装业的崛起给我国染料行业带来不小的冲击。2018 年以来全球经济不确定性的增加使世界经济波动的风险和不确定性增大。龙盛集团响应政府宏观政策，致力于技术转化和研发平台建设，在中观层面上扩展研发基地规模、整合成果转化平台，在微观层面上持续引进高端研发人才，加强产学研紧密合作，持续加大研发投入，进一步激发自主创新活力。

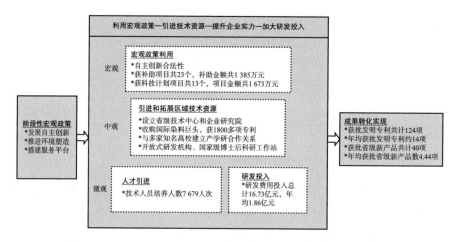

图 6 - 4　2006 ~ 2014 年（深层次强化政策阶段）成果转化过程

　　2019 年，龙盛集团研发支出投入达到近年顶峰。具体来说，这一年集团研究院扩建新的研发基地，建设以化学研发、分析测试、工程开发、员工技能培训、后勤配套等功能的科研用楼，提升其科研创新综合能力；龙盛研究院在杭州的新研发基地启用，以龙盛集团国家级企业技术中心和化工研究公司为基础，有机整合企业博士后科研工作站、院士工作站、德司达海外研发中心和多个国内产学研创新平台，形成强大的科技研发力量[①]。此外，集团建立了开放共享的创新技术平台，并加快建设培育新产业的专业研究院，以提升新业务板块发展速度，强化产业体系的协同机制，提升创新技术能力和示范推广影响力。

　　强大的科研力量引发集聚效应，通过构建循环经济"一条龙"生态园区，龙盛集团实现了染料和中间体产业核心技术的突破，还衍生出树脂、

---

① 浙江龙盛资产规模超过 200 亿元！以先进技术平天下，登世界染料舞台中心 [J/OL].
全球纺织网. [2019 - 11 - 08]. https://www.tnc.com.cn/info/c - 013003 - d - 3691568.html.

材料助剂等新材料新兴产业。

由表6-3可知，这一政策阶段龙盛集团的获批发明专利数量逐步上升，于2021年获批41项发明专利，是获批数量最多的一年。同时，龙盛集团研究完成多项项目，投产见效的项目也于2021年达到高峰。研发中心在建及规划项目亦不断增多。

表6-3　　　　2015~2021年龙盛集团科技成果转化取得成效

| 年份 | 发明专利数（项） | 研发中心完成项目（项） | 研发中心投产见效项目（项） | 研发中心在建项目（项） | 研发中心规划项目（项） |
|------|------|------|------|------|------|
| 2015 | 14 | 15 | 15 | 12 | 10 |
| 2016 | 20 | 16 | 13 | 11 | 12 |
| 2017 | 25 | 37 | 17 | 30 | 20 |
| 2018 | — | 35 | 8 | 35 | 40 |
| 2019 | — | 19 | 10 | 27 | 4 |
| 2020 | — | 38 | 9 | 33 | 10 |
| 2021 | 41 | 30 | 24 | 40 | — |

资料来源：根据龙盛集团历年年报数据整理得到。

在这一政策阶段，龙盛集团得益于国家搭建平台解决科技成果转化各主体间信息协调问题以及鼓励科研人员参与企业成果转化等科技政策，利用宏观政策获得补助和科研项目，补助数量和金额进一步提升；在与多家知名高校建立产学研合作平台的基础上整合企业博士后工作站和其他国内产学研创新平台，同时通过扩建研发基地、加快建设新产业专业研究院等措施进一步拓展并汇聚区域技术资源池，促进专业技术信息的整合和流动，提升科技成果转化和创新绩效。

此阶段龙盛集团实现科技成果转化的多层视角框架组合路径表现为：利用政府宏观政策×引进、拓展和汇聚区域技术资源池×提升微观企业规模×管理者加大研发投入。此阶段成果转化过程见图6-5。

由图6-2至图6-5可以看出，案例企业在不同发展阶段的宏观政策利用、中观企业技术资源、微观企业实力和研发投入关系直观地解释了本书提出的理论模型，一方面科技政策引导着企业开展技术创新和科技成果转化的方向和战略，引导企业扩大规模、提升实力的具体策略和管理措施；另一方面，科技政策给予企业资金、项目、税收等优惠，帮助企业克服投入瓶颈。随着企业在宏观层面对阶段性成果转化政策的利用，企业在中观层面不断引进区域技术资源，拓展和汇聚技术资源池，同时在微观层面上不断扩大技术人员数量，逐年加强研发投入，不断实现科技成果转化绩效提升。

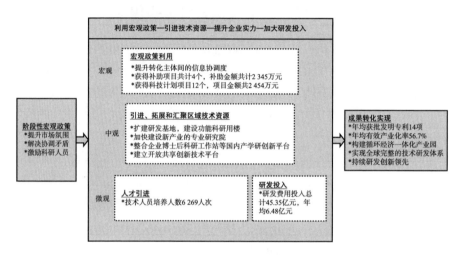

**图6-5 2015~2021年（体制完善政策阶段）成果转化过程**

综上所述，对龙盛集团在四个政策阶段的科技成果转化实践进行分析后发现，在不同的科技政策演化阶段，龙盛集团在利用宏观政策—引进技术资源—提升企业实力—加大研发投入的框架下实现连续科技成果转化，在不同的阶段，科技成果转化实现路径的组合表现为：利用宏观政府政策供给×引进和拓展中观区域技术资源×提升微观企业实力×加大研发投入，不同层次之间的条件具有相互影响、相互缠绕的关系，与前文提出的多层视角框架逻辑一致。其中，龙盛集团所利用的技术资源主要是该企业地理位置所在地以及长三角地区的中观区域技术资源，但企业通过收购获得的国际领先技术资源亦为企业的科技成果转化提供了重要技术来源。

# 6.3　案例总结

## 6.3.1　案例结论

本章从科技成果转化政策演化视角出发，基于龙盛集团的纵向单案例研究，探索企业在制度变迁过程中基于科技成果转化多层视角框架实现连续科技成果转化的组态路径。通过从微观层面分析单一组织的宏观科技成果转化政策、中观区域技术资源和微观组织条件和管理者行为的交互关系和对其成果转化绩效的影响，从演化的视角回答前文提出的核心问题，理顺了"制度—资源—组织"的研究思路，更加直观地展现第 3 章提出的"政策供给和政策协调（宏观制度层面）—技术来源（中观区域资源层面）—组织实力和管理者行为（微观组织及管理者层面）—成果转化绩效"分析框架的合理性。有效弥补大样本的缺陷。

本书主要有两点研究发现。第一，我国科技成果转化政策经历了政府作为科技成果转化主体逐步过渡到企业作为科技成果转化主体的演变过程，具体可划分为"初步规划—结构调整—法制化发展—深层次强化—体制完善"五个阶段，各阶段政策目标存在差异。第二，在不同的政策阶段，龙盛集团在"利用宏观政策—引进中观区域技术资源—提升微观企业实力和加大研发投入"的多层视角框架下实现连续科技成果转化。在不同的阶段，科技成果转化实现路径的组合表现为：利用宏观政府政策×引进中观区域技术资源×提升微观企业实力×加大研发投入，进而实现连续科技成果转化。案例企业在不同发展阶段的政策利用、技术资源、企业实力、研发投入和成果转化绩效间的关系直观地解释了本书提出的理论模型。

## 6.3.2　理论意义

（1）从科技成果转化政策演变视角审视科技型企业的连续成果转化实

践。本书响应学者对于我国科技成果转化政策及其过程目标演化（毛世平、杨艳丽、林青宁等，2019）的关注，探讨企业在成果转化政策演变的不同阶段，不断利用宏观政策供给—引进中观区域技术资源—提升微观企业实力和加大研发投入和实现成果转化的过程，揭示政策演变视角下科技型制造企业连续实现成果转化的制度—资源—管理者行为多层视角过程机制。本书发现在龙盛集团的成果转化过程中宏观的科技成果转化政策起到明显的驱动作用，中观的区域技术资源、微观的组织实力和管理者行为也发挥了不可忽视的作用，不同层次间的条件具有相互影响、相互缠绕的关系，呼应了现有研究（Micelotta et al.，2017）关于跨层次结构下制度异质性和演化的过程机制的思考。

（2）基于科技成果转化多层视角框架，剖析科技型企业在科技成果转化政策的不同演化阶段中如何不断实现科技成果转化的具体过程，验证在不同的政策阶段，企业"利用宏观政策供给—引进中观区域技术资源—提升微观企业实力＋加大研发投入"，进而实现成果转化的多层视角框架模型。对于在我国企业科技成果产业化率普遍不高的情境下，龙盛集团在50年的发展中实现连续成果转化的现象作出初步解释。研究发现，我国科技型制造企业在科技政策的长期演化发展过程中会通过运用宏观制度—中观资源—微观组织三层面条件的组合路径实现连续科技成果转化和企业创新发展。研究响应学者对于科技成果转化（技术转移）从单一视角到多层面视角的关注（Cunningham and O'Reilly，2018）。科技型企业的连续成果转化过程体现了多层面条件的集合效应，进一步呼应对于复杂系统问题研究所强调的复杂现象需要分析多重轨迹的动态共演化观点（Barley et al.，2018；杜运周等，2021），从而丰富对成果转化/技术转化的动态集合特点和动态集合规律的认知。

### 6.3.3 实践意义

本章结论对于我国科技型企业利用宏观政府制度、中观区域技术资源和微观组织条件和管理者行为的组合路径实现科技成果转化具有一定的实践意义。

（1）本书为读者呈现了一个鲜活的科技型制造企业在长期的科技政策

演化过程中不断响应政府政策，实现企业科技成果转化和自主创新的成长案例，揭示龙盛集团如何利用宏观政策提供的支持和服务，引进中观区域技术资源，通过微观的管理者行为培养壮大技术人员以提升微观组织实力和加大研发投入，进而从微弱的小型企业走向国际化生态型集团企业的过程，挖掘大型科技型制造企业的科技成果转化密码，有助于中国科技型企业在成果转化过程中有的放矢，利用好宏观制度工具和中观区域技术资源，适时地通过管理者行为调整组织实力和加强研发投资以提升科技成果转化绩效。

（2）本书所提出的科技成果转化阶段性政策演化过程中的"制度—资源—组织"多层视角框架对于科技成果转化系统管理层有一定启示作用，科技成果转化是一个复杂的过程，需要多层面、多主体协同发力。政策制定和执行部门在通过政策支持导向和创新策略导向引领科技企业创新发展的同时，应关注对区域技术资源提供者如大学、科研院所、国家实验室等的合理配置，积极为科技企业提供对接国内外先进技术资源的广泛渠道。引导区域内科技企业注重技术人员的培训培养、提升企业实力以及加大研发投入也是必要的举措。

（3）为新兴经济体科技型制造业企业在科技成果转化制度变迁过程中提升科技成果转化绩效、实现连续科技成果转化以及自主创新，提供可行的、多层面组态路径思路。在"制度—资源—组织—实现成果转化"思路下梳理的成果转化多层视角框架以及"利用宏观政府政策×引进区域技术资源×增加微观企业技术人员实力×加大企业研发投入"的创新发展策略，对于企业实现高绩效科技成果转化和自主创新战略具有重要意义。

# 第7章　研究结论与展望

## 7.1　研究结论与启示

### 7.1.1　研究结论

改革开放之后，我国提出"促进科技成果转移转化"。在40多年的发展中，政府为促进科技成果转化颁布了不少政策，逐渐形成一个较为完整的政策体系。然而，尽管近年来技术合同登记数量和成交金额连年增长，中国前沿科技成果仍只有10%～30%被应用于实际生产，对比发达国家60%～70%的成果转化率还有不小的差距。[①] 国家、地方、科研院所，乃至企业投入大量的人力、物力力图改变一些产业面临的"卡脖子"难题，但在半导体领域、互联网领域、机械领域等产业链、技术链环节的发展受限仍然没有得到根本性解决。

国内外学术界和实践界对成果转移转化给予相当大的关注，并开展多方面的讨论（Roessner and Bean，1990；Zhao and Reisman，1992；Perkmann et al.，2013；Bozeman et al.，2015；Kirchberger and Pohl，2016；Carayannis，2020；任荆学、吕萍、柳卸林，2013；陈劲、阳镇，2021），对科技成果转化的概念、模式、主体、效应及绩效、评价及指标等进行多

---

① 中国科技成果转化率仅30%，到底难在哪里？［J/OL］. 新浪财经，［2022 – 06 – 17］. https：//weibo. com/ttarticle/p/show？ id = 2309404781431779098866&sudaref = www. baidu. com.

层面研究。学者们普遍认同科技成果转化是一个复杂的过程，关注宏观制度层面、中观区域层面、微观组织和管理行为等多种条件对于科技成果转化的效应。近年来，技术转移的多层面视角（Bozeman et al.，2013）以及非线性的技术转移机制（Bradley et al.，2013；Hobbs et al.，2017）受到越来越多的学者关注，但是基于多层面视角进行非离散变量的实证检验仍十分少见（Cunningham and O'Reilly，2018）。在文化、地理、区域等因素的影响下，成果转化政策安排的理论适用性因地区而异（Clarysse et al.，2005），而既有研究多关注欧洲和北美地区（Frondizi et al.，2019），导致现有实证分析发现的相关关系无法很好地解释、预测和指导中国的科技成果转化实践。

考虑到中国复杂的政府间网络体系、区域技术资源以及独特的人文背景，有必要在中国的成果转化政策背景下进行深入的实证分析与探讨。为此，本书在国内外文献研究的基础上，构建中国条块分割政策背景下包含宏观制度层面、中观资源层面和微观组织层面条件的成果转化政策多层组态框架，从单一视角转向多层视角，从离散变量检验转向组合条件检验，并利用中国的跨区域数据进行实证分析，解答以下研究问题：中国科技成果转化宏观制度层面、中观区域层面和微观组织层面的哪些重要条件影响着中国科技成果转化不同主体的转化绩效？多层次影响条件形成的不同组合路径是否均能引发成果转化高绩效？宏观制度层面、中观区域层面和微观组织层面的条件在现实中是如何协同演进的？得到如下主要结论。

（1）通过文献计量并运用可视化文献分析软件 CiteSpace，探索国内外技术转移政策的现状热点与发展趋势，从技术转移政策文献的时空分布、研究机构、研究主题、知识基础、研究前沿等方面绘制直观的科学知识图谱。分析发现，外文文献主要聚焦于针对不同主体的技术转化政策、政策实施评价和政策协调；中文政策文献主要聚焦于我国科技成果转化政策的特征、国际比较和制度体系建设，佐证本书研究对于领域热点可能具有的贡献和意义。有关技术转移多层视角的文献数量很少，精读后发现，多层视角正逐渐被引入科技成果转化研究领域，但是既有研究以理论推演和机制构建为主，实证研究的对象基本集中在美国和欧洲地区，对于中国科技成果转化实践的多层视角关注呈匮乏状态。为此构建多层视角框架，拟运用中国的跨区域数据进行实证检验。

（2）通过验证性因子分析法和模糊集定性比较分析法对跨区域的160家转移中介机构数据进行实证检验，结果表明有三类典型的条件组态（路径）可以产生成果转化高绩效，分别代表中介机构成果转化高绩效实现的三种不同方式。一是政策供给下的中介实力型（主导式），表现为区域政策供给效率高、政策协调程度好，此时只要成果转化中介机构实力强，就能产生高绩效。对区域的启发是，政府应维持成果转化政策的高效供给和协调，中介机构应保持实力的强大，以提升成果转化绩效。二是政策协调下的技术资源型（沉浸式），以区域政策协调程度高、高校资源强大为特征，即使成果转化机构实力不强，也可产生高绩效成果转化。对区域的启发是，政府应在维持成果转化政策的高效供给和协调之外，提升区域内大学以及科研院所的数量和质量，以促进成果转化绩效。三是政策协调下的身份自洽型（自洽式），以区域政策协调程度高、成果转化中介机构转化技术人员身份自洽程度高为特点，此时只要具备一定的区域政策协调效率，就能产生成果转化高绩效。对区域的启发是，区域政府应在维持成果转化政策的高程度协调之外，对开展成果转化的中介机构加强引导，鼓励其关注转化技术人员的一致性心理状态。

（3）通过验证性因子分析法和模糊集定性比较分析法对跨区域的186家科技企业数据进行实证检验，结果表明有三类典型的条件组态（路径）能够产生成果转化高绩效，分别代表科技企业成果转化高绩效实现的三种不同方式。一是政策供给下的企业实力型（主导式），以区域政府的政策供给高效和科技企业实力强大为特征，在此条件下，即使区域技术资源不足也可产生高绩效。对区域的启发是，政府应维持成果转化政策的高效供给，企业应保持实力的强大，以提升成果转化绩效。二是政策协调下的研发投入型（沉浸式），以区域政府政策协调高效、科技企业研发投入密集及区域技术资源丰富或科技企业实力雄厚为特色。三是政策供给下的研发投入型（投入式），其主要特点是区域政府政策协调有限和区域技术资源不足，此时地方政府加大区域政策供给，科技企业加大研发投入或寻求更多的外部技术来源是提升成果转化绩效的有效措施。

（4）以纺织染料制造企业龙盛集团1979～2021年的连续成果转化实践为例，探讨制造企业在科技政策的演化过程中如何通过有效利用宏观的制度条件、中观的区域资源条件和微观的组织条件促成科技成果转化的实现及其过程机制。研究发现在我国成果转化政策的"初步规划—结构调整—法制化发展—深层次强化—体制完善"五阶段演化过程中，企业在阶段性政策目标驱动之下"利用宏观成果转化政策—引进中观区域技术资源—提升微观组织实力—加大研发投入"的基本过程中实现连续成果转化。在成果转化政策演化的不同阶段，企业不断利用阶段性宏观科技成果转化政策提供的方向和支持，引进中观区域高校和科研院所的技术资源并开展技术合作、提升微观企业规模及人才实力并加大研发投入，进而实现连续的科技成果转化。据此，本书在一定程度上验证了科技成果转化主体在宏观制度—中观区域资源—微观组织的三层框架视角下，通过政策条件、技术资源条件和组织条件的不同组态，实现科技成果转化的事实，支持本书提出的多层视角框架视角下的科技成果转化政策组态效应模型及绩效提升路径。

总体而言，本书构建多层视角的科技成果转化政策组态模型，运用跨区域数据进行实证检验，探究中国制度环境下的成果转化绩效提升问题。实证检验结果验证了多层视角框架，并基于中介机构和科技企业立足点分别提出成果转化绩效提升的三类典型的条件组合。通过对龙盛集团的纵向单案例研究，从微观层面分析单一组织的科技成果转化制度、资源和组织条件的交互关系及其对成果转化绩效的影响，理顺研究思路，直观地展现本书多层视角框架的合理性。研究结论为提升中国科技成果产业化率提供具有中国文化和实践特色的实现思路。

提升科技成果转化绩效需符合宏观政策、中观区域技术资源和微观转化主体的实力及管理行为三层面条件。针对不同的区域情况应采用不同的组合策略。对区域科技成果转化而言，强调成果转化宏观政策供给和微观转化主体实力的主导型模式、强调宏观政策协调和中观区域技术资源的沉浸型模式，以及强调宏观政策协调和成果转化主体微观管理的管理行为模式是提升成果转化绩效的主要组合路径。

## 7.1.2　理论贡献

本书理论贡献主要有以下几点。

（1）基于技术转移多层视角框架设想，构建从检验离散变量的单一视角转向检验组合条件的多层视角的，包含宏观层面的制度条件、中观层面的资源条件和微观层面的组织及管理者行为条件的中国科技成果转化政策多层视角组态模型。现有研究忽视对技术转移的多层视角、非线性机制（Bradley et al.，2013；Hobbs et al.，2017）的探讨以及对多层视角条件进行非离散变量的实证检验（Cunningham and O'Reilly，2018），而本书探讨宏观层面的制度条件（政策供给、政策协调）、中观层面的资源条件（技术来源）、微观层面的组织条件（组织实力）和管理者行为条件（技术人员身份自治和研发投入）相互影响形成的组态对于科技成果转化绩效的联合效应是有益的补充。

（2）专注于中国的成果转化主体实践开展实证检验。之前的研究多专注于欧洲和美国（Frondizi et al.，2019），而成果转化的理论适用性因国家而异（Clarysse et al.，2005），需要在中观层面和微观层面进行更多研究，方能更好地理解技术转移主体的行为、动机、影响等差异（Jefferson et al.，2017；Cunningham and O'Reilly，2018）。本书聚焦于不同层级的科技成果政策评价，既关注科技成果转化政策的供给特点，也关注不同层级科技成果转化政策的协调特点，结合中国成果转化主体的运作特点和社会科学文化背景（尚智丛、杨萌，2013）对多层视角框架进行深化和细化，衍生出影响科技成果转化政策供给和政策协调的若干个二级条件，构成组态间政策条件关系定性比较分析的前提和基础，丰富现有理论和分析条件。

（3）基于科技成果转化政策的演变过程审视科技型企业龙盛集团的连续成果转化实践，通过探讨企业在政策演变的不同阶段利用宏观政府政策—引进中观区域技术资源—提升微观企业实力及加大研发投入和实现成果转化的过程，揭示政策演变过程中科技型制造企业连续实现成果转化的过程机制。弥补了既有研究忽视对我国科技成果转化政策过程目标演化关注的不足（毛世平、杨艳丽、林青宁等，2019）、对跨层次结构下制度异质性和演化过程的思考不足（Micelotta et al.，2017）和对利用多重轨迹的动态共演化观点分析复杂系统问题现象的不足（Barley et al.，2018；杜运周等，2021）等缺陷，丰富对成果转化的动态集合特点和动态集合规律的认知。

（4）强调宏观—中观—微观的多层面前因条件与成果转化绩效之间的

因果关系的交互性和等价性。本书的组态效应研究结果表明，通常被视为重要的条件在实际上可能是交互协同、相互缠绕和互相影响的，就单独条件而言，它们不一定是结果变量的充分条件。在实践中，由于前因条件不同，各层面要素的意义可能不完全一样，或者在性质上属于次要条件。研发投入就是一个有代表性的例子。虽然研发投入一直被视为企业创新的重要基础（Cockburn and Henderson，2000；Pandza and Holt，2007），但本书的研究结果表明，在多层视角组态框架下研发投入对科技成果转化绩效的作用在某些情况下是次要的。此外，进一步分析发现的条件（要素）之间的替代作用，拓展和丰富了探索单个因素与技术转化成效之间相关关系与效应的研究。

（5）通过综合使用验证性因子分析法和模糊集定性比较分析法以及跨区域样本，为定性比较分析法和定量研究法的结合提供可行的跨区域实证研究方案。既有研究忽视对于技术转移转化领域的跨区域样本的定性与定量相结合方法（Cunningham et al.，2017），多只关注某个/某些条件（因素）对成果转化绩效的影响程度，即线性/对称性的影响，而本书考虑同层面的关键要素的组合，关注非线性、非对称的关系，弥补研究不足，丰富现有理论。

## 7.1.3　实践启示

除了对理论的贡献之外，本书对科技成果转化的管理也有重要影响。本书研究结论表明，为实现成果转化高绩效，区域成果转化系统的管理者（政策制定者）应致力于将区域科技成果转化系统转变为一个协同宏观制度层面条件、中观资源层面条件和微观组织层面条件力量的整体，聚焦成果转化条件组合的优化方向，适配区域技术资源，引导区域成果转化主体行为，从而实现区域科技成果转化高绩效。成果转化中介机构的管理者应根据区域技术资源条件适配自身实力，致力于提升转化技术人员的身份一致性，从而提升机构成果转化绩效。科技企业的管理者需要根据区域技术资源条件适配企业技术人才和研发投入密集度，以提升企业科技成果转化绩效。

根据跨区域实证研究结果，本书认为，区域成果转化系统的管理者

（政策制定者）和微观转化主体的管理者需要根据不同的条件组态场景进行工作重心的调整。

首先，如何提升中介机构成果转化绩效？（1）主导式路径下（政策供给下的中介实力型），区域政策供给效率高、成果转化机构实力强。此类条件组态场景中，区域成果转化政策制定者应一方面稳定成果转化政策供给，另一方面注重提高区域政策协调程度，维护良好的成果转化制度环境。成果转化中介机构的管理者则应关注增加技术人员数量、提高员工教育水平和专业技能，以提升企业实力，促进成果转化绩效。（2）沉浸式路径下（政策协调下的技术资源型），政策的协调程度高、区域大学和科研院所资源丰富，即使成果转化机构自身实力不够，也能够产生高绩效成果转化。此类条件组态场景中，区域成果转化政策制定者在维护良好的成果转化制度供给和协调环境的同时，还要关注区域大学资源的建设和提升；成果转化中介机构的管理者则应加强对区域成果转化政策的学习和理解，致力于协同地方技术资源，以获得科技成果转化高绩效。（3）自洽式路径下（政策协调下的身份自洽型），政策协调效率高，高效率的政策供给以及中介机构技术人员身份一致性是表现特点。此类条件组态场景中，区域成果转化政策制定者除保障成果转化政策的高协调度之外，还应通过宣传和培训教育引导区域内的成果转化中介机构改善管理，从而优化成果转化绩效；中介机构的管理者则应采取措施，提升机构内技术人员身份一致性程度，促进机构技术转移效率提升，进而提升成果转化绩效。自身实力不强的转移中介机构的管理者更要致力于挖掘和协同区域技术资源以提升绩效。

其次，如何提升科技企业成果转化绩效？（1）主导式组合路径下（政策供给下的企业实力型），支持性的政策供给环境激发创新，强大的企业实力催生知识机会。此类条件组态场景中，区域成果转化政策制定者一方面应保证稳定的成果转化政策供给，另一方面应注重宣传引导，帮助区域内科技企业提升企业自身实力，为产生高绩效成果转化营造良好的环境；科技企业管理者则应采取增加技术人员数量、提高员工学历等措施保证企业的科研实力，从而促进成果转化的效果。即便区域技术资源匮乏，科技企业也应坚持上述策略。（2）沉浸式组合路径下（政策协调下的研发投入型），响应性的政策协调环境有助于高绩效成果转化，密集的研发投入和强大的企业实力或丰富的技术资源有助于利用前沿技术、实现成功外包。此类条件组态场景下，区域成果转化政策制定者须持续关注维护和协调现有政策体系；科技企业管理者则应持续进行密集的研发投资，或通过投入和培训技术人员等措施保持企业实力，以促进企业成果转化绩效。(3) 投入式组合路径下（政策供给下的研发投入型），区域政策协调有限、区域技术资源处于相对劣势。此类条件组态场景下，区域成果转化政策制定者应加大政策供给力度；科技企业管理者则应当加大研发投入，以提升成果转化绩效。

最后，对科技型企业龙盛集团通过利用政府政策、技术资源和组织条件的组合路径实现科技成果转化的单案例研究，揭示了企业利用宏观政策提供的支持和服务，对接中观区域技术资源，通过微观的管理者行为培养技术人员进而提升微观组织实力和加大研发投入，从而从微弱的小型企业走向国际化生态型集团企业的过程。所提出的"制度—资源—组织"多层技术转移框架对于科技成果转化政策制定者有一定启示作用，即：政策制定和执行部门在通过政策支持导向和创新战略导向引领科技企业创新发展方向的同时，应关注区域技术资源提供者（如大学、科研院所、国家实验室等）的合理配置，以及为科技企业提供对接国内外先进技术资源的广泛渠道；引导区域内科技企业注重技术人员的培养、提升企业实力、加大研发投入也是可行的举措。对新兴经济体科技型制造业企业来说，"利用宏观政府政策×引进中观区域技术资源×增加微观企业实力×管理者加大研发投入"的创新发展策略是在科技成果转化制度变迁过程中提升科技成果转化绩效的可行方案，值得借鉴。

## 7.2　研究局限与未来研究展望

### 7.2.1　研究局限

综上所述，科技成果高绩效转化是一个复杂的现象，是多层面视角条件的联合作用，宏观的制度条件、中观的资源条件和微观的组织条件同时存在协同、互动和相互关系。虽然目前的学术文献对这种多层次的论证已经提出设想，但是实证研究十分少见。本书朝着验证多层视角条件的交互性影响迈进一步，开发一个科技成果转化政策多层次组态框架，并通过跨区域的定性研究在我国的成果转化环境中进行实证检验。但本书研究也存在一些局限。

（1）虽然本书采用的 SSCI、CSSCI 等来源期刊文献数据相对比较权威，但数据库相对单一，且数据来源为 WOS 数据库 2007 年之后的英文文献，而国外技术转移研究开始时间较早，因而本书对于完整地刻画国外技术转移政策研究发展的历史过程不够尽善尽美。其次，科技成果转化政策包含税收、财政、激励等多种政策工具，具有广泛性特点，虽然本书数据对于研究领域的覆盖较为完整，但鉴于文献筛选有赖于作者和专家的判断，不排除会有一些文献数据在其他研究者眼中应遵循不同的评判标准。

（2）第二个局限与所采用的条件元素的可解释性有关。虽然三个主要要素维度被认为是制度、资源和组织（Kirchberger and Pohl，2016），但它们并没有完全展示成果转化的所有现象。最新的技术转移研究提出许多新的分析视角和条件因素，例如考虑人工智能的重要性日益增加从而建议将智能集群群体纳入集成研究框架，或探讨协作式技术转移等新型机制（Carayannis，2020）。

（3）第三个局限与中观层面技术来源的衡量有关。本书仔细选择指标，以地区大学和研究机构的数量为标准，力图充分表达这一条件。然而并未详细区分大学的类别，也未区分多样化的技术来源，如直接从外地或国外外包的技术，或通过跨国创新网络引进等方式获得的区域技术资源。

（4）第四个局限与实证检验的立足点有关。本书从技术转移中介机构和科技企业两个立足点分别检验科技成果转化政策的多层视角模型，然而，作为技术的重要生产方，大学也是科技成果转化的重要主体之一。考虑到在既有成果中，大学一直是研究的主要对象，且大学有效样本数据不足，本书仅专注于现有研究中较为忽视的成果转化中介机构和科技企业，尤其是后者，以中介机构和科技企业为立足点分别分析并验证科技成果转化政策多层视角模型，未以大学为立足点开展相应实证检验。

（5）第五个局限与对多层视角条件与科技成果转化绩效的内在互动机

理阐释有关。虽然本书通过案例研究从微观层面分析单一组织的宏观科技成果转化政策、中观区域技术资源和微观组织条件和管理者行为的交互关系及其对成果转化绩效的影响，从演化的视角直观地展现多层视角分析框架的合理性，但未从其他微观主体出发具体阐释多层视角与其科技成果转化绩效的内在互动机理。

## 7.2.2　未来研究展望

针对上述研究局限，未来的科技成果转化研究可以在以下几个方面深化拓展。

一是可以通过拓展数据库类别，纳入 2007 年以及更早期的技术转移转化英文文献来实现对更早期外文相关研究的归纳总结，以补充和丰富本书的研究结论并深化对科技成果转化的理解。二是未来的研究应更深入地探讨信息数字技术等发展带来的智能集群技术转移主体，协作式技术转移机制等新型机制也应受到更深入的关注。三是针对本书未细化单个条件的衡量标准问题，未来的研究可纳入大学评价等级、外部技术资源可得性等指标以便更细致地描述和分析资源和管理实践。四是可进一步开展在中国科技成果转化背景下，跨区域的、以大学为研究立足点的多层视角下科技成果转化政策组态效应与绩效实证检验，探讨"制度—资源—组织"多层视角框架对于大学主体的适用性，以期为本书所建构的成果转化多层视角理论框架提供强有力的实证依据。最后，未来研究可以深入开展以中介或大学为对象的案例研究，分析它们所面临的多层视角条件的交互关系及对其成果转化绩效的影响，进一步直观地展现多层视角分析框架对于不同微观主体的合理性。

# 附录1 科技成果转化研究文献计量

本部分研究所使用的数据来源于中国知网数据库的 CSSCI 期刊资源。CNKI 是最具权威的中文学术期刊网站，CSSCI 来源文献质量较高，以 CSSCI 期刊作为样本文献的主要来源，能较为科学、准确地反映研究的趋势与热点。将检索主题词设置为"科技成果转化"或"技术转移"或"技术转化"或"成果转化"，设置检索时间为 2000～2022 年，设置文献来源为 CSSCI，检索结果显示 2000～2022 年共有相关文献 1 386 篇，经阅读每篇文章的题目和摘要，剔除报告、会议、书籍介绍及声明等内容，筛选得到 836 篇相对高质量的样本文献。

1. 我国科技成果转化研究现状

（1）发文量分析。通过观察阶段时间内论文数量的变化趋势，能够直观且全面地了解科技成果转化研究领域的总体发展状况。由图 1 可知，自 2000 年以来，我国有关科技成果转化的研究文献发文篇数呈逐渐上升态势。2015 年数量略有增加，很可能与 2015 年我国通过新修订的《中华人民共和国促进科技成果转化法》有关。可见，国家的政策导向对于科技成果转化（技术转移）的相关研究的热情和数量具有影响作用，以下图表中科技成果转化（technology commercialization）简称 TC。

（2）发文作者分析。图 2 是国内发文作者合作图谱，由图可知，N＝582，E＝344，网络密度＝0.02。说明所分析的 836 篇文献共涉及582 位作者，作者间共发生 344 次合作关系，但合作密度小，表明作者间尚未形成稳定的合作网络。经统计，74.74% 的作者仅发表 1 篇相关文献，仅 4.81% 的作者发表 3 篇或以上相关文献。其中发文量最多的作者是张胜，共发文 13 篇，其次是郭英远，发文 11 篇。两位作者联合发文 11 篇。

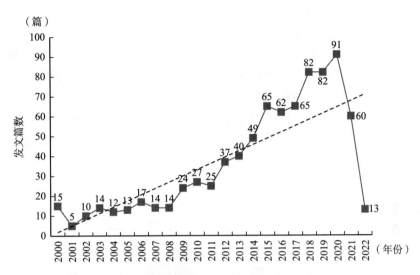

**图 1 科技成果转化研究发文量年度分布**

资料来源：由 CiteSpace 分析绘制。

利用 CiteSpace 对 836 篇文献进行合著关系分析，合著关系最为密切的是张胜、郭英远和田国华三位作者，总链强度为 13，远高于其他作者之间的合著强度。因此，尽管在国内科技成果转化领域存在研究合作的趋势，但高强度的合著关系较少（见图 2）。

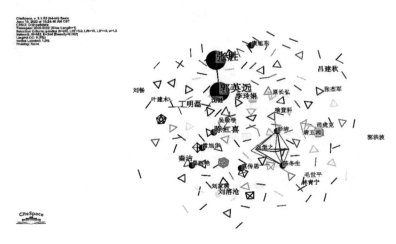

**图 2 发文作者合作图谱**

资料来源：由 CiteSpace 分析绘制。

（3）研究机构情况。图 3 是 2000～2022 年我国科技成果转化研究机构的知识图谱。机构合作网络图谱中，节点的大小代表节点的规模，连接线代表机构间合作关系。由图 3 可知，发文量最大的研究机构是哈尔滨工程大学，共发表论文 52 篇；其次是西安交通大学、清华大学、中国科学院大学和华中科技大学，发文量分别为 42 篇、38 篇、35 篇和 32 篇。同时，图谱显示，网络节点数 N＝444，连线数 E＝184，网络密度为 0.0019，可见，节点分布总体密度不高，合作较少，表明现有研究机构之间总体合作程度较低。

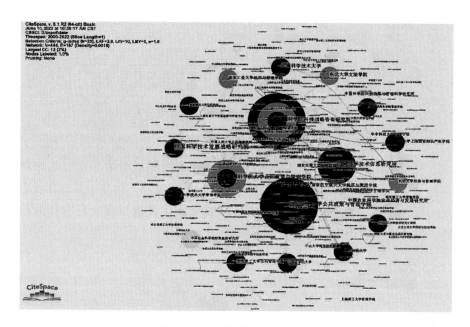

**图 3　研究机构合作网络图谱**

资料来源：由 CiteSpace 分析绘制。

（4）关键词聚类分析。设置参数节点类型为关键词，设定时间段为 2000～2022 年，时间间隔设为 1 年，其他值为默认，运行结果后发现，我国科技成果转化研究领域出现频次较高的主题词有成果转化、科技成果、高校等，如表 1 所示。

表1                排名前十五的共现关键词

| 序号 | 关键词 | 年份 | 频次 |
|------|--------|------|------|
| 1 | 成果转化 | 2000 | 132 |
| 2 | 科技成果 | 2000 | 81 |
| 3 | 高校 | 2002 | 72 |
| 4 | 转化 | 2000 | 43 |
| 5 | 技术转移 | 2000 | 33 |
| 6 | 对策 | 2000 | 25 |
| 7 | 影响因素 | 2003 | 21 |
| 8 | 科技创新 | 2007 | 16 |
| 9 | 知识产权 | 2009 | 16 |
| 10 | 科技政策 | 2003 | 11 |
| 11 | 政策工具 | 2017 | 11 |
| 12 | 政策 | 2006 | 11 |
| 13 | 创新 | 2000 | 11 |
| 14 | 协同创新 | 2014 | 10 |
| 15 | 产业化 | 2004 | 10 |

资料来源：根据 CiteSpace 分析整理得到。

    基于关键词共现知识图谱，将高频关键词进行聚类，得到如图4所示的科技成果转化领域的关键词聚类时轴图谱。表2列举图4中各聚类的规模、平均年份及其代表性词语。其中，聚类规模最大的是聚类#0 成果转化，规模为71，平均年份为2010年。平均年份最早的是聚类#1 科技成果，规模为62，主要覆盖词语为：知识产权、收益分享、技术转让办公室、科研成果、交易成本、知识经济。平均年份最新的是聚类#9 协同创新，规模为9，主要覆盖词语为：信息体系、评价体系、地方高校、生态环境、体制机制。以上说明我国的科技成果转化研究由早期关注单一视角的知识产权、收益分配、转化机制逐步转向更为融合的技术转移信息系统以及生态系统的研究。

    对表1和表2主题词及覆盖词语进行分析总结，本书将对成果转化、科技成果、技术转移、成果转化工作、问题、对策及影响因素等的研究归纳为对于科技成果转化现状和不足的研究；对科技政策、政策工具、政策困境、创新政策、政策过程、政策体系、政策分布、政策建议等的研究归纳为对科技成果转化政策的研究；对高校、高校科技成果、美国常青藤大学、斯坦福大学、组织因素、产业化、协同创新、知识产权、收益分享、技术转让办公室等的研究归纳为对产学研合作的研究；对科技成果转化效率、评价体系、体系机制的研究归纳为对科技成果转化绩效评价的研究。

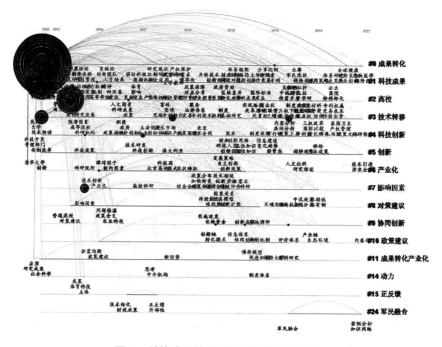

**图4　科技成果转化关键词聚类时轴图谱**

资料来源：由 CiteSpace 分析绘制。

表2　　　　　　　　　　　　　　主题词聚类及其覆盖词语

| 聚类 | 规模 | 轮廓值 | 平均年份 | 覆盖词语 |
|---|---|---|---|---|
| 0 | 71 | 0.806 | 2010 | 成果转化；创业能力；社会应用；对策思考；生态环境科技创新；科技成果转化；科技管理 |
| 1 | 62 | 0.921 | 2007 | 科技成果；知识产权；收益分享；技术转让办公室；科研成果；交易成本；知识经济 |
| 2 | 47 | 0.83 | 2012 | 科技成果转化；美国常青藤大学；斯坦福大学；科研成果；交易成本；成果转化；基础研究 |

续表

| 聚类 | 规模 | 轮廓值 | 平均年份 | 覆盖词语 |
|---|---|---|---|---|
| 3 | 43 | 0.88 | 2011 | 技术转移；成果转化；高等院校；组织因素；知识产业化；知识产权；政策困境；创新价值链 |
| 4 | 19 | 0.925 | 2011 | 科技创新；成果转化；技术研发；体制改革；剑桥现象；科技成果转化；科技人员；政策措施 |
| 5 | 16 | 0.958 | 2010 | 科技成果转化；创新政策；市场出清；企业本位论；技术引进；自主创新；涉农企业；科技成果转化效率；政策过程 |
| 6 | 13 | 0.966 | 2010 | 成果转化工作；战略性新兴产业；国家科技计划；新技术应用；政策体系；政策分布；自主知识产权；过程模型；现实生产力 |
| 7 | 12 | 0.962 | 2014 | 影响因素；转化能力；传授能力；高校科技成果；主题分类；文献计量学；创新科技；高校科技成果 |
| 8 | 9 | 0.975 | 2008 | 农业科技；对策建议；农转资金；问题根源；政策含义；实施效果 |
| 9 | 9 | 0.928 | 2016 | 协同创新；信息体系；评价体系；地方高校；生态环境；体制机制 |
| 10 | 7 | 0.989 | 2011 | 政策建议；接力创新；高校科技成果转化；促进机制；案例研究；剑桥大学 |

资料来源：根据 CiteSpace 分析整理得到。

### 2. 我国科技成果转化研究趋势分析

某段时间内的出现频次异常突出的关键词（突现词）和某段时间内的被引次数异常突出（突发文献）反映该领域一段时期内的研究热点和前沿趋势（Chen et al.，2014）。表3展现了样本文献的4个突现率比较高的关键词分别为"科技创新""高校""政策工具""影响因素"。分析可得，国内科技成果转化相关研究在2016年开始集中爆发，其中"科技创新"与"政策工具"两个关键词突现的持续时间比较长；"高校"虽然突现时间不长，但是突现强度比较高。"科技创新"与"政策工具"两个关键词在2022年仍在突变期内，说明在当前和将来的一段时间内，"科技创新"

和"政策工具"仍将是科技成果转化领域研究的前沿和热点。

表3 科技成果转化研究前沿演进

| 关键词 | 年份 | 强度 | 开始年 | 结束年 | 2000～2022年各年份实现强度 ■ 黑色粗线段代表强 ─ 黑色细线段代表较强 |
| --- | --- | --- | --- | --- | --- |
| 科技创新 | 2000 | 3.28 | 2016 | 2022 | ——————————————————— |
| 高校 | 2000 | 7.54 | 2017 | 2018 | ——————————————————— |
| 政策工具 | 2000 | 3.94 | 2017 | 2022 | ——————————————————— |
| 影响因素 | 2000 | 4.4 | 2018 | 2020 | ——————————————————— |

资料来源：根据 CiteSpace 分析整理得到。

综上，本部分运用 CiteSpace 可视化软件，以科技成果转化文献为样本，分析我国科技成果转移转化研究的总体概貌，从发文篇数、发文作者、发文机构、关键词聚类、关键词发展态势等方面进行知识图谱分析，探索我国科技成果转化研究主要关注的问题，以及研究热点和研究前沿的演化发展。总结如下。

第一，我国科技成果转化相关研究不断深化发展，研究机构总体比较分散。自2000年以来，科技成果转化研究发文量不断攀升；在研究机构主要是哈尔滨工程大学、西安交通大学、清华大学、中国科学院大学和华中科技大学等高校，但现有研究机构之间总体合作程度较低。

第二，对于科技成果转化现状和不足的探索、科技成果转化政策、产学研合作以及科技成果转化绩效评价等热点问题是我国科技成果转化研究的主要主题。"科技创新"和"政策工具"有关研究将是科技成果转化在未来一定时期内的方向。突现词探测发现"高校"和"影响因素"突变率较高，说明有关高校科技成果转化的研究受到了国内学者的热切关注。"科技创新"和"政策工具"这两个关键词的突现率持续时间较长，并且目前仍在突现期内。这意味着"科技创新"和"政策工具"是我国当前科技成果转化研究的前沿热点问题。

# 附录 2　调研问卷

## 关于成果转化的政策供给、政策协调与政策效应关系的调查问卷

说明：成果转化政策是为推进科技成果向现实生产力转化而制定的政策，需要从经济、科技、社会、政治构成的整体系统出发，形成体系。

为充分了解我国现行科技成果转化政策的供给与协调情况对成果转化机构效益以及对企业创新效益的影响，特开展此次调查。所有数据仅用于学术用途。

请您根据实际感受放心填写。衷心感谢您的支持与合作！

1. 企业名称（可简单填写）：＿＿＿＿＿＿＿＿＿＿＿

2. 所在地区：＿＿＿＿省＿＿＿＿＿市/县

一、基本情况

3. 企业属性：A. 国有企业　B. 民营企业　C. 三资企业　D. 集体 E. 社会团体　F. 高校等其他

4. 企业规模：A. 微型企业　B. 小型企业　C. 中型企业　D. 大型企业　E. 其他

5. 企业经营的类型：A. 科技型　B. 出口型　C. 走出去型　D. 制造型　E. 服务型　F. 其他

6. 企业成立年数：A. 0~4 年　B. 5~9 年　C. 10~19 年　D. 20 年以上

7. 技术人才数量：A. ＜10　B. 10~100　C. 100~300　D. ＞300

8. 企业员工普遍受教育程度：A. 大专及以下　B. 本科　C. 硕士 D. 博士及以上

9. 您在企业是：A. 普通员工　B. 基层干部　C. 中层干部　D. 高管

E. 所有者/企业主　　F. 其他

　　10. 您对科技成果转化政策有所了解吗？

A. 有（继续填写以下问题）　　B. 问卷结束，谢谢作答

二、企业（机构）对现有科技成果转化政策的评价

11. 对现有科技成果转化政策（以下简称"政策"）供给的评价：

| 维度 | 问项 | 非常不同意 | 不同意 | 一般 | 同意 | 非常同意 |
|---|---|---|---|---|---|---|
| 指向性 | 现有政策往往聚焦于发展某些具体的行业或行业阶段 | 1 | 2 | 3 | 4 | 5 |
| | 现有政策往往聚焦于发展某些具体的技术 | 1 | 2 | 3 | 4 | 5 |
| | 现有政策往往聚焦于发展某些具体的产品 | 1 | 2 | 3 | 4 | 5 |
| | 现有政策往往没有明确的指向（行业、技术或产品） | 1 | 2 | 3 | 4 | 5 |
| 特异性 | 现有政策的研究目标通常很明确（对某一技术或技术领域的技术目标和经济应用进行较为明确的描述） | 1 | 2 | 3 | 4 | 5 |
| | 现有政策的目标通常很模糊（没有具体说明要追求的技术或要达到的经济应用） | 1 | 2 | 3 | 4 | 5 |
| | 现有政策以扶持新兴产业为主要目标（如新能源、新材料、信息、生物等） | 1 | 2 | 3 | 4 | 5 |
| | 现有政策以扶持基础产业为主要目标（如能源、原材料、交通运输等） | 1 | 2 | 3 | 4 | 5 |
| 支持性 | 现有政策往往提供经费、补贴、税收等财政补助 | 1 | 2 | 3 | 4 | 5 |
| | 现有政策往往提供信息、人才、场地等资源帮助 | 1 | 2 | 3 | 4 | 5 |
| | 现有政策提供了足够的财政支持（货币性） | 1 | 2 | 3 | 4 | 5 |
| | 现有政策提供了足够的服务支持（非货币性） | 1 | 2 | 3 | 4 | 5 |
| 体系性 | 政府提供的战略性研究的科技基础设施很完善（如国家实验室） | 1 | 2 | 3 | 4 | 5 |
| | 政府提供的通用性技术的共性技术研发机构很完善（如公共研发平台） | 1 | 2 | 3 | 4 | 5 |
| | 技术扩散体系的建设很完善（如国家实验室、共性技术开发中心、专业或公共科技成果转化平台等） | 1 | 2 | 3 | 4 | 5 |
| | 技术扩散系统的运作机制很完善（能促进已经形成的先进适用技术向广大企业扩散和应用） | 1 | 2 | 3 | 4 | 5 |

## 12. 对现有科技成果转化政策（以下简称"政策"）协调的评价：

| 维度 | 问项 | 非常不同意 | 不同意 | 一般 | 同意 | 非常同意 |
|---|---|---|---|---|---|---|
| 适应灵活性 | 政府能根据国内外政治形势变化及时准确地调整有关政策 | 1 | 2 | 3 | 4 | 5 |
| | 政府能根据国内外经济形势变化及时准确地调整有关政策 | 1 | 2 | 3 | 4 | 5 |
| | 政府能根据供应情况变化及时准确地调整有关政策 | 1 | 2 | 3 | 4 | 5 |
| | 政府能根据需求情况变化及时准确地调整有关政策 | 1 | 2 | 3 | 4 | 5 |
| | 目前，有多个方面的成果转化政策可供使用（如人才技术支持、科技融资、补贴、税收减免等） | 1 | 2 | 3 | 4 | 5 |
| 协调互补性 | 国家、地方、园区等不同层面的政策重叠问题协调得很好（功能、对象等重叠） | 1 | 2 | 3 | 4 | 5 |
| | 国家、地方、园区等不同层面的政策矛盾问题协调得很好（政策目标、具体规定等矛盾） | 1 | 2 | 3 | 4 | 5 |
| | 各类政策的矛盾或交叉问题能够被及时妥善地处理（如人才技术支持、科技融资、财政政策等） | 1 | 2 | 3 | 4 | 5 |
| | 各方面政策的综合作用促进了科技型企业创新 | 1 | 2 | 3 | 4 | 5 |
| | 各方面政策的综合作用促进了科技成果转化 | 1 | 2 | 3 | 4 | 5 |
| 文化科学性 | 目前的政策制定过程符合我国或地方的社会文化传统 | 1 | 2 | 3 | 4 | 5 |
| | 目前的政策执行过程符合我国或地方的社会文化传统 | 1 | 2 | 3 | 4 | 5 |
| | 政府对政策的推广和介绍使公众对现有政策有全面的理解 | 1 | 2 | 3 | 4 | 5 |
| | 所在单位里的政策学习使大家对现有政策有全面的理解 | 1 | 2 | 3 | 4 | 5 |
| | 专家学者通过政策传播和答疑解惑，推动了现有政策的普及 | 1 | 2 | 3 | 4 | 5 |
| | 公众对最新的科技成果转化政策的理解很充分 | 1 | 2 | 3 | 4 | 5 |
| 参与反馈性 | 社会公众在政策的制定过程中参与程度高 | 1 | 2 | 3 | 4 | 5 |
| | 社会公众在政策的执行过程中参与程度高 | 1 | 2 | 3 | 4 | 5 |
| | 政策制定与执行中公众能表达自身诉求 | 1 | 2 | 3 | 4 | 5 |
| | 政策制定与执行中有多种信息反馈渠道可供使用 | 1 | 2 | 3 | 4 | 5 |
| | 信息反馈渠道很畅通 | 1 | 2 | 3 | 4 | 5 |
| | 信息反馈能收到回应 | 1 | 2 | 3 | 4 | 5 |

## 三、企业/机构的投入和绩效情况

13. 您是（　　　）

A. 科技成果转化机构/企业（填写 14 题）　　B. 科技型企业（跳到第 16 题）

C. 都不是（跳到第 18 题）

14. 贵机构的科学人才：

| 问项 | 非常不同意 | 不同意 | 一般 | 同意 | 非常同意 |
|---|---|---|---|---|---|
| 工作中，技术人才有很大的自由度决定怎样去达成目标 | 1 | 2 | 3 | 4 | 5 |
| 技术人才很适应本机构的文化 | 1 | 2 | 3 | 4 | 5 |
| 技术人才的福利待遇等总体很好 | 1 | 2 | 3 | 4 | 5 |

15. 享受科技成果转化政策之后，贵机构的：

| 技术市场成交额 | 迅速减少 | 减少了 | 没有变化 | 增加了 | 迅速增加 |
|---|---|---|---|---|---|
| 科技成果转化率 | 迅速减少 | 减少了 | 没有变化 | 增加了 | 迅速增加 |

跳到 20 题。

16. 贵企业的研发投入情况：

| 问项 | 非常不同意 | 不同意 | 一般 | 同意 | 非常同意 |
|---|---|---|---|---|---|
| 企业领导对研发投入很重视 | 1 | 2 | 3 | 4 | 5 |
| 近 3 年，企业/机构的人才投入增加了 | 1 | 2 | 3 | 4 | 5 |

17. 享受科技成果转化政策之后，贵企业的：

| 专利数量（含申报） | 迅速减少 | 减少了 | 没有变化 | 增加了 | 迅速增加 |
|---|---|---|---|---|---|
| 新产品数量 | 迅速减少 | 减少了 | 没有变化 | 增加了 | 迅速增加 |
| 新产品产值 | 迅速减少 | 减少了 | 没有变化 | 增加了 | 迅速增加 |

跳到 20 题。

18. 享受科技成果转化政策之后，科技成果转化机构的：

| 技术市场成交额 | 迅速减少 | 减少了 | 没有变化 | 增加了 | 迅速增加 |
|---|---|---|---|---|---|
| 科技成果转化率 | 迅速减少 | 减少了 | 没有变化 | 增加了 | 迅速增加 |

19. 享受科技成果转化政策之后，科技型企业的：

| 专利数量（含申报） | 迅速减少 | 减少了 | 没有变化 | 增加了 | 迅速增加 |
|---|---|---|---|---|---|
| 新产品数量 | 迅速减少 | 减少了 | 没有变化 | 增加了 | 迅速增加 |
| 新产品产值 | 迅速减少 | 减少了 | 没有变化 | 增加了 | 迅速增加 |

20. 您希望政府提供怎样的科技成果转化政策？

21. 您希望政府如何提高科技成果转化政策的协调性？

问卷结束，感谢作答！衷心感谢您的支持！

# 附录3　科技成果转化政策供给与政策协调测量量表

对现有科技成果转化政策（以下简称"政策"）供给的评价：

| 指向性<br>（ZX） | ZX1：现有政策往往聚焦于某些具体的行业或行业阶段<br>ZX2：现有政策往往聚焦于某些具体的技术<br>ZX3：现有政策往往聚焦于某些具体的产品<br>ZX4：现有政策往往没有明确的指向（行业、技术或产品） |
|---|---|
| 特异性<br>（TY） | TY1：现有政策的研究目标通常很明确（对某一技术或技术领域的技术目标和经济应用进行了较为明确的描述）<br>TY2：现有政策的目标通常很模糊（没有具体说明要追求的技术或要达到的经济应用）<br>TY3：现有政策以扶持新兴产业为主要目标（如新能源、新材料、信息、生物等）<br>TY4：现有政策以扶持基础产业为主要目标（如能源、原材料、交通运输等） |
| 支持性<br>（ZC） | ZC1：现有政策往往提供经费、补贴、税收等财政补助<br>ZC2：现有政策往往提供信息、人才、场地等资源帮助<br>ZC3：现有政策提供了足够的财政支持（货币性）<br>ZC4：现有政策提供了足够的服务支持（非货币性） |
| 体系性<br>（TX） | TX1：政府提供的战略性研究的科技基础设施很完善（如国家实验室）<br>TX2：政府提供的通用性技术的共性技术研发机构很完善（如公共研发平台）<br>TX3：技术扩散体系的建设很完善（如国家实验室、共性技术开发中心、专业或公共科技成果转化平台等）<br>TX4：技术扩散系统的运作机制很完善（能促进已经形成的先进适用技术，主要是工艺技术，向广大企业扩散和应用） |

对现有科技成果转化政策（以下简称"政策"）协调的评价：

| 适应<br>灵活性<br>（SYLH） | SY1：政府能根据国内外政治形势变化及时准确地调整有关政策<br>SY2：政府能根据国内外经济形势变化及时准确地调整有关政策<br>SY3：政府能根据供应情况变化及时准确地调整有关政策<br>SY4：政府能根据需求情况变化及时准确地调整有关政策<br>SY5：目前，有多个方面的成果转化政策可供使用（如：人才技术支持、科技融资、补贴、税收减免等） |
|---|---|

续表

| | |
|---|---|
| 协调<br>互补性<br>（XTHB） | XT1：国家、地方、园区等不同层面的政策重叠问题协调得很好（功能、对象等重叠）<br>XT2：国家、地方、园区等不同层面的政策矛盾问题协调得很好（政策目标、具体规定等矛盾）<br>XT3：各类政策的矛盾或交叉问题能够被及时妥善地处理（如：人才技术支持、科技融资、财政政策等）<br>XT4：各方面政策的综合作用促进了科技型企业创新<br>XT5：各方面政策的综合作用促进了科技成果转化 |
| 文化<br>科学性<br>（WHKX） | WH1：目前的政策制定过程符合我国或地方的社会文化传统<br>WH2：目前的政策执行过程符合我国或地方的社会文化传统<br>WH3：政府对政策的推广和介绍使公众对现有政策有了全面的理解<br>WH4：所在单位里的政策学习使大家对现有政策有了全面的理解<br>WH5：专家学者通过政策传播和答疑解惑，推动了现有政策的普及<br>WH6：公众对最新的科技成果转化政策的理解很充分 |
| 参与<br>反馈性<br>（CYFK） | CY1：社会公众在政策的制定过程中参与程度高<br>CY2：社会公众在政策的执行过程中参与程度高<br>CY3：政策制定与执行中公众能表达自身诉求<br>CY4：政策制定与执行中有多种信息反馈渠道可供使用<br>CY5：信息反馈渠道很畅通<br>CY6：信息反馈能收到回应 |

# 附录4　四地区大学及科研院所数量表

## 一、四地区大学数量

**4 地区高校数量（2020 年）**　　　　　　　　　（个）

| 地区 | 高校总数 | 本科 | 专科 | 985 | 211（包含985） |
|---|---|---|---|---|---|
| 浙江省 | 109 | 60 | 49 | 1 | 1 |
| 湖北省 | 129 | 68 | 61 | 2 | 7 |
| 广东省 | 154 | 67 | 87 | 2 | 5 |
| 上海市 | 63 | 40 | 23 | 4 | 9 |

数据来源：教育部网：http：//www. moe. gov. cn/jyb_xxgk/s5743/s5744/202007/t20200709_470937. html.

## 二、四地区科研院所数量

**4 地区科研院所数量**　　　　　　　　　（个）

| 地区 | 国家级科研院（2020 年） | 科研院所（年份不详） |
|---|---|---|
| 浙江省 | 2 | 10 |
| 湖北省 | 6 | 21 |
| 广东省 | 3 | 15 |
| 上海市 | 9 | 43 |

数据来源：伊梅名录资源网：https：//resource. emagecompany. com/research/guojiajiyanjiu suo. html.

# 参 考 文 献

[1] 蔡跃洲. 科技成果转化的内涵边界与统计测度 [J]. 科学学研究, 2015, 33 (1): 37 - 44.

[2] 陈柏强, 黄婧涵. 政府创新补贴对区域科技成果转化的影响——基于市场竞争公平性的门槛效应 [J]. 科技管理研究, 2022, 42 (8): 66 - 73.

[3] 陈建华. 科技为舟人作楫 [J]. 化工管理, 1998 (Z1): 27 - 29.

[4] 陈劲, 阳镇. 融通创新视角下关键核心技术的突破: 理论框架与实现路径 [J]. 社会科学, 2021, 489 (5): 58 - 69.

[5] 陈兰杰. 国内外高校科技成果转化模式比较研究 [J]. 工业技术经济, 2009, 28 (3): 53 - 56.

[6] 陈涛, 李颖. 政策导向对高校科技成果抗拒转化的影响 [J]. 中国高校科技, 2017, 346 (6): 6 - 9.

[7] 程聪, 贾良定. 我国企业跨国并购驱动机制研究——基于清晰集的定性比较分析 [J]. 南开管理评论, 2016, 19 (6): 113 - 121.

[8] 迟宝旭. 国外高校科技成果转化机制及借鉴 [J]. 科技与管理, 2005 (1): 118 - 122.

[9] 楚尔鸣, 曹策. 人才流动缩小了区域经济差距吗——来自技术转移的经验证据 [J]. 财经科学, 2019, 378 (9): 99 - 112.

[10] 戴维·S. 兰德斯. 国富国穷 [M]. 北京: 新华出版社, 2001: 1 - 5.

[11] 杜宝贵, 张焕涛. 基于"三维"视角的中国科技成果转化政策体系分析 [J]. 科学学与科学技术管理, 2018, 39 (9): 36 - 49.

[12] 杜根旺, 汪涛. 创新政策协调研究综述及展望 [J]. 科研管理, 2019, 40 (7): 1 - 11.

［13］杜伟锦，宋园，李靖，杨伟．科技成果转化政策演进及区域差异分析——以京津冀和长三角为例［J］．科学学与科学技术管理，2017，38（2）：3-11．

［14］杜运周，贾良定．组态视角与定性比较分析（定性比较分析法）：管理学研究的一条新道路［J］．管理世界，2017，285（6）：155-167．

［15］杜运周，李佳馨，刘秋辰，赵舒婷，陈凯薇．复杂动态视角下的组态理论与定性比较分析法：研究进展与未来方向［J］．管理世界，2021，37（3）：12-13，180-197．

［16］方卫华．创新研究的三螺旋模型：概念、结构和公共政策含义［J］．自然辩证法研究，2003（11）：69-72，78．

［17］葛章志，宋伟．地方政府促进科技成果转化新政策研究［J］．科技管理研究，2015，35（23）：30-35．

［18］郭强，夏向阳，赵莉．高校科技成果转化影响因素及对策研究［J］．科技进步与对策，2012，29（6）：151-153．

［19］何帅，陈良华．新型科研机构创新绩效的影响机理研究［J］．科学学研究，2019，37（7）：1306-1315．

［20］何婷婷，刘志迎．有关科技成果转化的基本理论综述［J］．科技情报开发与经济，2005（4）：180-182，201．

［21］贺德方．对科技成果及科技成果转化若干基本概念的辨析与思考［J］．中国软科学，2011，25（11）：1-7．

［22］贺俊．产业政策批判之再批判与"设计得当"的产业政策［J］．学习与探索，2017，258（1）：88-96．

［23］贺艳，许云．国内外技术转移问题研究新进展［J］．中共中央党校学报，2014，18（6）：104-108．

［24］胡振亚．论科技成果转化的实施主体、转化模式和激励机制［J］．求索，2012，244（12）：173-175．

［25］黄传慧，郑彦宁，吴春玉．美国科技成果转化机制研究［J］．湖北社会科学，2011，298（10）：81-84．

［26］黄江明，李亮，王伟．案例研究：从好的故事到好的理论——中国企业管理案例与理论构建研究论坛（2010）综述［J］．管理世界，

2011，209（2）：118 – 126.

［27］黄菁. 我国地方科技成果转化政策发展研究——基于 239 份政策文本的量化分析［J］. 科技进步与对策，2014，31（13）：103 – 108.

［28］黄天航，赵小渝，陈劲锋. 多层视角方法分析创新发展的可持续转型研究——以德国鲁尔区转型发展为例［J］. 行政管理改革，2021，148（12）：76 – 84.

［29］纪玉山，吴勇民. 科技创新促进经济增长的微观机理与政策选择［J］. 经济社会体制比较，2007，133（5）：40 – 46.

［30］贾宝林等. 科技服务业激励政策体系中的政府作用［J］. 科技管理研究，2011，31（13）：23 – 29.

［31］蒋兴华，谢惠加，马卫华. 基于政策分析视角的科技成果转化问题及对策研究［J］. 科技管理研究，2016，36（2）：54 – 59.

［32］巨乃岐. 科技成果转化的内涵、核心与实质［J］. 科技管理研究，1998（5）：24 – 27.

［33］李春成，和金生. 完善我国区域服务业创新的政策体系研究［J］. 科学学研究，2009，27（5）：721 – 727.

［34］李发福. 技术导向的科技政策对我国基础研究的风险性研究［J］. 中国科技论坛，2008，144（4）：3 – 6.

［35］李凡，林汉川，刘沛罡，李娜. 中俄技术创新政策演进比较研究［J］. 科学学研究，2015，33（9）：1348 – 1356.

［36］李孔岳. 科技成果转化的模式比较及其启示［J］. 科技管理研究，2006（1）：88 – 91.

［37］李立红，王勇. 龙腾盛世——记浙江龙盛控股有限公司［J］. 中国石油和化工，2006（7）：6 – 7.

［38］李玲娟，霍国庆，曾明彬. 科技成果转化过程分析［J］. 湖南大学学报（社会科学版），2014，28（4）：117 – 121.

［39］李培楠，赵兰香，万劲波，王鑫等. 研发投入对企业基础研究和产业发展的阶段影响［J］. 科学学研究，2019，37（1）：36 – 44.

［40］李胜会，夏敏. 中国科技成果转化政策变迁：制度驱动抑或市场导向［J］. 中国科技论坛，2021，306（10）：1 – 13.

［41］李天柱，侯锡林，马佳. 基于接力创新的高校科技成果转化机

制研究 [J]. 科技进步与对策, 2017, 34 (3): 147 - 151.

[42] 李文波. 我国大学和国立科研机构技术转移影响因素分析 [J]. 科学学与科学技术管理, 2003 (6): 48 - 51.

[43] 李彦昭, 张旭, 郭菊娥. 科技成果转化生态系统的构建与机理研究 [J]. 管理现代化, 2021, 41 (1): 35 - 38.

[44] 李宇智, 张晓丽. 安徽省生物医药企业科技成果转化政策及成效研究——以安徽亳州医药企业为例 [J]. 产业与科技论坛, 2017, 16 (13): 25 - 26.

[45] 梁树广. 高校科技成果转化效率的区域差异及其影响因素分析 [J]. 统计与决策, 2018, 34 (12): 86 - 89.

[46] 廖晓东, 张跃. 基于政策工具与创新价值链双重视角的科技成果转化政策国际比较研究 [J]. 科技管理研究, 2019, 39 (7): 56 - 62.

[47] 廖翼, 范澳, 姚屹浓. 中国科技成果转化政策演变及有效性分析 [J]. 商业经济, 2022, 547 (3): 142 - 145.

[48] 林芳芳, 赵辉. 政策视角下的我国科技成果转化效率研究 [J]. 情报杂志, 2016, 35 (10): 86 - 90.

[49] 林青宁, 毛世平. 自主创新与企业科技成果转化: 补助亦或政策 [J]. 科学学研究, 2023, 41 (1): 70 - 79.

[50] 蔺洁, 陈凯华, 秦海波等. 中美地方政府创新政策比较研究: 以中国江苏省和美国加州为例 [J]. 科学学研究, 2015, 33 (7): 999 - 1007.

[51] 刘凤朝, 孙玉涛. 我国科技政策向创新政策演变的过程、趋势与建议——基于我国 289 项创新政策的实证分析 [J]. 中国软科学, 2007, 197 (5): 34 - 42.

[52] 刘家树, 菅利荣. 科技成果转化效率测度与影响因素分析 [J]. 科技进步与对策, 2010, 27 (20): 113 - 116.

[53] 刘家树, 菅利荣. 知识来源、知识产出与科技成果转化绩效——基于创新价值链的视角 [J]. 科学学与科学技术管理, 2011, 32 (6): 33 - 40.

[54] 刘庆. 科技中介在科技成果转化中的角色和定位研究 [J]. 科协论坛 (下半月), 2010 (2): 185 - 186.

[55] 刘志迎，谭敏．纵向视角下中国技术转移系统演变的协同度研究——基于复合系统协同度模型的测度 [J]．科学学研究，2012，30（4）：533-542.

[56] 刘周成，孔祥浩，张研，蔡祺祥．基于RGT的高校科技成果转化问题研究 [J]．南京航空航天大学学报（社会科学版），2014，16（1）：88-92.

[57] 柳岸．我国科技成果转化的三螺旋模式研究——以中国科学院为例 [J]．科学学研究，2011，29（8）：1129-1134.

[58] 卢章平，王晓晶．基于内容分析法的科技成果转化政策研究 [J]．科技进步与对策，2013，30（11）：98-103.

[59] 罗茜，高蓉蓉，曹丽娜．高校科技成果转化效率测度分析与影响因素扎根研究——以江苏省为例 [J]．科技进步与对策，2018，35（5）：43-51.

[60] 罗友和．现阶段我国科技创新状况的经济学分析与政策取向 [J]．生产力研究，2004（1）：24-26，53.

[61] 吕建秋，王宏起，王珊珊．促进科技成果转化的产业政策功能研究 [J]．学习与探索，2019，291（10）：135-140.

[62] 吕建秋，王宏起，王雪原．科技成果转化系统的生态化策略 [J]．学习与探索，2017，262（5）：146-149.

[63] 马江娜，李华，王方．中国科技成果转化政策文本分析——基于政策工具和创新价值链双重视角 [J]．科技管理研究，2017，37（7）：34-42.

[64] 毛基业，陈诚．案例研究的理论构建：艾森哈特的新洞见——第十届"中国企业管理案例与质性研究论坛（2016）"会议综述 [J]．管理世界，2017，281（2）：135-141.

[65] 毛世平，杨艳丽，林青宁．改革开放以来我国农业科技创新政策的演变及效果评价——来自我国农业科研机构的经验证据 [J]．农业经济问题，2019，469（1）：73-85.

[66] 梅姝娥，仲伟俊．我国高校科技成果转化障碍因素分析 [J]．科学学与科学技术管理，2008，318（3）：22-27.

[67] 彭绪梅．创业型大学的兴起与发展研究 [D]．大连：大连理工

大学，2008：91 – 92.

[68] 秦洁，王亚. 科技中介机构在科技成果转化中的定位 [J]. 中国高校科技，2015，320（4）：13 – 16.

[69] 任荆学，吕萍，柳卸林. 中科院技术衍生企业创立动机与成果转化关系研究 [J]. 科技进步与对策，2013，30（2）：88 – 92.

[70] 尚智丛，杨萌. 科技政策的文化分析——公民认识论的兴起与发展 [J]. 自然辩证法研究，2013，29（4）：42 – 50.

[71] 沈慧君，徐戈，黄灿. 高校技术排他性许可影响因素的实证研究 [J]. 科学学研究，2019，37（6）：1033 – 1042.

[72] 石善冲. 科技成果转化评价指标体系研究 [J]. 科学学与科学技术管理，2003（6）：31 – 34.

[73] 宋东林，付丙海. 再论我国高校科技成果转化——借鉴美国、加拿大等国家经验 [J]. 科技管理研究，2010，30（8）：18 – 21.

[74] 孙卫，肖红，原长弘. 美国高校科技成果转化的成功经验及其启示 [J]. 科学管理研究，2006（3）：114 – 117.

[75] 孙彦明，赵树宽. 中国科技成果产业化影响因子分析及路径选择 [J]. 宏观经济研究，2019，242（1）：125 – 136.

[76] 唐五湘. 科技成果转化绩效评价指标体系的比较分析 [J]. 工业技术经济，2017，36（1）：61 – 67.

[77] 涂小东，肖洪安，申红芳，李镜. 高等院校科技成果转化绩效评价指标体系构建 [J]. 科学学与科学技术管理，2005（8）：38 – 40.

[78] 汪涛，李祎，汪樟发. 国家高新区政策的历史演进及协调状况研究 [J]. 科研管理，2011（6）：108 – 115.

[79] 汪涛，谢宁宁. 基于内容分析法的科技创新政策协同研究 [J]. 技术经济，2013，32（9）：22 – 28.

[80] 汪小梅，汪令涛，李鹏. 科研院所科技成果转化能力的多目标评价研究 [J]. 科技管理研究，2016，36（20）：83 – 87.

[81] 王宏起，孙继红，李玥. 战略性新兴企业自主创新的税收政策有效性评价研究 [J]. 中国科技论坛，2013，206（6）：63 – 69.

[82] 王斌，谭清美. 区域技术资源碎片化的科技成果转化抑制效应及其治理 [J]. 经济体制改革，2021，6（7）：49 – 55.

[83] 王瑞琪, 原长弘. 企业技术创新主体地位的内涵及其维度构建 [J]. 技术与创新管理, 2018, 38 (6): 568 - 572.

[84] 王玮, 郑石明. 科技成果转化政策实施的网络分析——以西安光机所为例 [J]. 科技管理研究, 2021, 41 (23): 39 - 47.

[85] 王欣, 杜宝贵. 全面创新改革试验政策对科技成果转化的影响效应 [J]. 科技进步与对策, 2023, 40 (2): 111 - 121.

[86] 王雪梅, 雷家骕, 邓艳. 从一个实例看高校科技成果转化存在的问题 [J]. 科学学研究, 2008, 26 (1): 178 - 182.

[87] 王永杰, 张善从. 2009 - 2016: 中国科技成果转化政策文本的定量分析 [J]. 科技管理研究, 2018, 38 (2): 40 - 48.

[88] 吴寿仁. 中国科技成果转化 40 年 [J]. 中国科技论坛, 2018, 270 (10): 1 - 15.

[89] 肖仁桥, 王宗军, 钱丽. 我国不同性质企业技术创新效率及其影响因素研究: 基于两阶段价值链的视角 [J]. 管理工程学报, 2015, 29 (2): 190 - 201.

[90] 谢洪明, 章俨, 刘洋等. 新兴经济体企业连续跨国并购中的价值创造: 均胜集团的案例 [J]. 管理世界, 2019, 35 (5): 161 - 178, 200.

[91] 徐国兴, 贾中华. 科技成果转化和技术转移的比较及其政策含义 [J]. 中国发展, 2010, 10 (3): 45 - 49.

[92] 徐小洲, 李志永. 我国高校创业教育的制度与政策选择 [J]. 教育发展研究, 2010, 30 (11): 12 - 18.

[93] 阎为民, 周飞跃. 高校科技成果转化绩效模糊评价方法研究 [J]. 研究与发展管理, 2006, 18 (6): 129 - 134.

[94] 杨国立, 张垒. 国际科学计量学研究力量分布与合作网络分析 [J]. 图书情报研究, 2012, 5 (1): 34 - 39.

[95] 杨善林, 郑丽, 冯南平, 彭张林. 技术转移与科技成果转化的认识及比较 [J]. 中国科技论坛, 2013, 212 (12): 116 - 122.

[96] 阳镇, 刘畅, 季与点, 陈劲. 平台治理视角下高校科技成果转化治理创新 [J]. 科学学与科学技术管理, 2021, 42 (12): 64 - 78.

[97] 叶晓倩, 王泽群, 李玲. 组织职业生涯管理, 内部人身份认知

与回任知识转移——个体—组织一致性匹配的调节效应 [J]. 南开管理评论, 2020, 23 (4): 154 - 165.

[98] 殷群, 谢芸, 陈伟民. 大学科技园孵化绩效研究——政策分析视角 [J]. 中国软科学, 2010 (3): 88 - 94 + 119.

[99] 尹西明, 王毅, 陈劲. 高校创造的知识转移到哪去了——对我国高校专利许可的时空分布研究 [J]. 科学学与科学技术管理, 2017, 38 (6): 12 - 22.

[100] 于志军, 杨昌辉, 白羽, 彭张林. 成果类型视角下高校创新效率及影响因素研究 [J]. 科研管理, 2017, 38 (5): 141 - 149.

[101] 张剑, 黄萃, 叶选挺, 时可, 苏竣. 中国公共政策扩散的文献量化研究——以科技成果转化政策为例 [J]. 中国软科学, 2016, 302 (2): 145 - 155.

[102] 张京萍, 窦清红. 借鉴发达国家经验完善我国科技税收政策 [J]. 税务研究, 2002 (2): 71 - 75.

[103] 张明, 杜运周. 组织与管理研究中定性比较分析法的应用: 定位, 策略和方向 [J]. 管理学报, 2019, 16 (9): 1312 - 1323.

[104] 张明, 蓝海林, 陈伟宏等. 殊途同归不同效: 战略变革前因组态及其绩效研究 [J]. 管理世界, 2020, 36 (9): 168 - 185.

[105] 张明喜, 郭戎. 从科技成果转化率到转化效率——指标体系设计与实证分析 [J]. 软科学, 2013, 27 (12): 85 - 89, 139.

[106] 张胜, 郭英远, 杜垚垚. "拜 - 杜" 法案、权利配置创新与大学职务成果转化——以美国常青藤大学为例 [J]. 科研管理, 2020, 41 (1): 174 - 183.

[107] 张振刚, 魏玉嫒. 广东省科技成果转化政策内部结构和重点政策内容评估 [J]. 科技管理研究, 2020, 40 (24): 60 - 70.

[108] 郑宇冰, 杨洋, 陈喜乐. 试论科技政策执行的柔性模式 [J]. 科学管理研究, 2015, 33 (5): 13 - 16.

[109] 钟卫, 陈宝明. 中国高校科技成果转化绩效评价研究 [J]. 中国科技论坛, 2018, 264 (4): 41 - 49.

[110] 朱高峰. 关于科技成果转化问题 [J]. 科学学与科学技术管理, 1996 (10): 4 - 6.

[111] 朱桂龙，彭有福. 发达国家构建科技中介服务体系的经验及启示 [J]. 科学学与科学技术管理，2003（2）：94－98.

[112] 朱宁宁，王澈澈. 我国科技成果转化典型模式及影响因素研究 [J]. 科技与管理，2011，13（6）：34－37.

[113] 朱娅妮，余玉龙. 科技成果转化的影响因素及对策研究——以长三角区域地方高校为例 [J]. 中国高校科技，2021，392（4）：92－96.

[114] 朱玉知. 内嵌于社会关系网络中的政策执行——对"政策执行悖论"的一种理论阐释 [J]. 学习与探索，2012，205（8）：47－50.

[115] 朱云鹃，李颖，李丹. "大众创业、万众创新"战略溯源研究——改革开放以来中国技术创新演变脉络 [J]. 科技进步与对策，2017，34（1）：9－14.

[116] Abreu M, Grinevich V. The nature of academic entrepreneurship in the UK: Widening the focus on entrepreneurial activities [J]. Research Policy, 2013（42）：408－422.

[117] Agrawal A. Engaging the inventor: Exploring licensing strategies for university inventions and the role of latent knowledge [J]. Strategic Management Journal, 2006, 27（1）：63－79.

[118] Albors J, Sweeney E, Hidalgo A. Transnational technology transfer networks for SMEs: A review of the state-of-the art and an analysis of the European IRC network [J]. Production Planning and Control, 2005（16）：413－423.

[119] Aldridge T T, Audretsch D. The Bayh-Dole Act and scientist entrepreneurship [J]. Research Policy, 2011, 40（8）：1058－1067.

[120] Alic J A. Post industrial technology policy [J]. Research Policy, 2001, 30（6）：873－889.

[121] Alvarado-Vargas M J, Callaway S K, Ariss S. Explaining innovation outputs by different types of R&D inputs: Evidence from US universities [J]. Journal of Strategy and Management, 2017, 10（3）：326－341.

[122] Ambos T C, Makela K, Birkinshaw J, et al. When does university research get commercialized? Creating ambidexterity in research institutions [J]. Journal of Management Studies, 2008, 48（8）：1424－1447.

[123] Anderson T R, Daim T U, Lavoie F F. Measuring the efficiency of university technology transfer [J]. Technovation, 2007, 27 (5): 306 – 318.

[124] Arvanitis S, Kubli U, Woerter M. University-industry knowledge and technology transfer in Switzerland: What university scientists think about co-operation with private enterprises [J]. Research Policy, 2008, 37 (10): 1865 – 1883.

[125] Audretsch D B, Feldman M P. R&D spillovers and the geography of innovation and production [J]. The American Economic Review, 1996, 86 (3): 630 – 640.

[126] Audretsch D B, Lehmann E E. Do university policies make a difference? [J]. Research Policy, 2005, 34 (3): 343 – 347.

[127] Audretsch D B, Link A N. Universities and the entrepreneurial ecosystem [M]. Northampton: Edward Elgar Publishing, 2017.

[128] Audretsch D B. From the entrepreneurial university to the university for the entrepreneurial society [J]. Journal of Technology Transfer, 2014, 39 (3): 313 – 321.

[129] Audretsch D B, Lehmann E E. Does the knowledge spillover theory of entrepreneurship hold for regions? [J]. Research Policy, 2005, 34 (8): 1191 – 1202.

[130] Autio E, Kenney M, Mustar P, Siegel D, Wright M. Entrepreneurial innovation: The importance of context [J]. Research Policy, 2014, 43 (7): 1097 – 1108.

[131] Autio E, Laamanen T. Measurement and evaluation of technology transfer: Review of technology transfer mechanisms and indicators [J]. International Journal of Technology Management, 1995, 10 (7 – 8): 643 – 664.

[132] Azagra-Caro J M. What type of faculty member interacts with what type of firm? Some reasons for the delocalisation of university-industry interaction [J]. Technovation, 2007, 27 (11): 704 – 715.

[133] Baldini N, Grimaldi R, Sobrero M. Institutional changes and the commercialization of academic knowledge: A study of Italian universities' patenting activities between 1965 and 2002 [J]. Research Policy, 2006, 35 (6):

518 – 532.

[134] Balachandra R, Friar J H. Factors for success in R&D projects and new product innovation: A contextual framework [J]. IEEE Transactions on Engineering Management, 1997, 44 (3): 276 –287.

[135] Barley W C, Treem J W, Kuhn T. Valuing multiple trajectories of knowledge: A critical review and agenda for knowledge management research [J]. Academy of Management Annals, 2018, 12 (1): 278 –317.

[136] Battistella C, De ToniA F, Pillon R. Inter-organisational technology/knowledge transfer: A framework from critical literature review [J]. Journal of Technology Transfer, 2016, 41 (5): 1 –40.

[137] Beise M, Stahl H. Public research and industrial innovations in Germany [J]. Research Policy, 1999, 28 (4): 397 –422.

[138] Belitski M, Aginskaja A, Marozau R. Commercializing university research in transition economies: Technology transfer offices or direct industrial funding? [J]. Research Policy, 2019, 48 (3): 601 –615.

[139] Ben-Hafaïedh C, Micozzi A, Pattitoni P. Academic spin-offs' entrepreneurial teams and performance: A subgroups approach [J]. The Journal of Technology Transfer, 2018, 43 (3): 714 –733.

[140] Bercovitz J, Feldman M, Feller I, Burton R. Organizational structure as a determinant of academic patent and licensing behavior: An exploratory study of Duke, Johns Hopkins, and Pennsylvania State universities [J]. Journal of Technology Transfer, 2001, 26 (1): 21 –35.

[141] Bercovitz J, Feldman M. Entrepreneurial universities and technology transfer: A conceptual framework for understanding knowledge-based economic development [J]. Journal of Technology Transfer, 2006, 31 (1): 175 – 188.

[142] Bozeman B. Technology transfer and public policy: A review of research and theory [J]. Research Policy, 2000, 29 (4 –5): 627 –655.

[143] Bozeman B, Fay D, Slade C P. Research collaboration in universities and academic entrepreneurship: The-state-of-the-art [J]. Journal of Technology Transfer, 2013, 38 (1): 1 –67.

[144] Bozeman B, Gaughan M. Impacts of grants and contracts on aca-

demic researchers' interactions with industry [J]. Research Policy, 2007, 36 (5): 694 – 707.

[145] Bozeman B, Rimes H, Youtie J. The evolving state-of-the-art in technology transfer research: Revisiting the contingent effectiveness model [J]. Research Policy, 2015, 44 (1): 34 – 49.

[146] Bradley S R, Hayter C S, Link A N. Models and methods of university technology transfer [J]. Foundations and Trends in Entrepreneurship, 2013, 9 (6): 571 – 650.

[147] Breschi S. The geography of innovation: A cross-sector analysis [J]. Regional Studies, 2000, 34 (3): 213 – 229.

[148] Cable D M, DeRue D S. The convergent and discriminant validity of subjective fit perceptions [J]. Journal of Alied Psychology, 2002, 87 (5): 875 – 884.

[149] Caldera A. Debande O. Performance of Spanish universities in technology transfer: An empirical analysis [J]. Research Policy, 2010, 39 (9): 1160 – 1173.

[150] Camiso'n-Zornoza C, Lapiedra-Alcamı' R, Segarra-Cipre's M, Boronat-Navarro M. A meta-analysis of innovation and organizational size [J]. Organization Studies, 2004, 25 (3): 331 – 361.

[151] Cantner Pyka. Classifying technology policy from an evolutionary perspective [J]. Research Policy, 2001, 30 (5): 759 – 775.

[152] Carayannis E G, Campbell D F J. 'Mode 3' and 'quadruple helix': Toward a 21st century fractal innovation ecosystem [J]. International Journal of Technology Management, 2009, 46 (3/4): 201 – 234.

[153] Carayannis E G, Campbell D F J. 'Mode 3' knowledge production in quadruple helix innovation systems: 21st century democracy, innovation, and entrepreneurship for development [J]. Springer Briefs in Business. New York: Springer, 2012, 50 (1): 678 – 697.

[154] Carayannis E G, Campbell D F J. Triple helix, quadruple helix and quintuple helix and how do knowledge, innovation and the environment relate to each other? A proposed framework for a transdisciplinary analysis of sus-

tainable development and social ecology [J]. International Journal of Social Ecology and Sustainable Development, 2010, 1 (1): 41 – 69.

[155] Carayannis E G, Grigoroudis E, Alexander J M. In pursuit of smart growth: Technology transfer theories, policies and practices [J]. The Journal of Technology Transfer, 2020, 45 (6): 1607 – 1610.

[156] Carayannis E G, Grigoroudis E, Campbell D F J, Stamati D, Meissner D. The ecosystem as helix: An exploratory theory-building study of regional co-opetitive entrepreneurial ecosystems as quadruple/quintuple helix innovation models [J]. R & D Management, 2018, 48 (1): 148 – 162.

[157] Cesaroni F, Piccaluga A. The activities of university knowledge transfer offices: Towards the third mission in Italy [J]. The Journal of Technology Transfer, 2016, 41 (4): 753 – 777.

[158] Chen A, Patton D, Kenney M. University technology transfer in China: A literature review and taxonomy [J]. Journal of Technology Transfer, 2016, 41 (1): 891 – 929.

[159] Chen C M. How to use CiteSpace [M]. British Columbia, Canada: Lean Publishing, 2016.

[160] Chiesa V, Manzini R. Managing knowledge transfer within multinational firms [J]. International Journal of Technology Management, 1996, 12 (4): 462 – 476.

[161] Christensen C. The Innovator's Dilemma: When New Technologies Cause Great Firms to Fail [J]. Harvard Business Review Press, 2013.

[162] Clarysse B, Mike W, Lockett E V V, Ajay V. Spinning out new ventures: A typology of incubation strategies from European research institutions [J]. Journal of Business Venturing, 2005 (20): 183 – 216.

[163] Cockburn I M, Henderson R M, Stern S. Untangling the origins of competitive advantage [J]. Strategic Management Journal, 2000, 21 (10): 1123 – 1145.

[164] Cohen B. Sustainable valley entrepreneurial ecosystems [J]. Business Strategy and the Environment, 2006, 15 (1): 1 – 14.

[165] Cohen W M, Levinthal D A. Absorptive capacity: A new perspec-

tive on learning and innovation [J]. Administrative Science Quarterly, 1990, 35 (1): 128 – 152.

[166] Colyvas J A. From divergent meanings to common practices: The early institutionalization of technology transfer in the life sciences at Stanford University [J]. Research Policy, 2007 (36): 456 – 476.

[167] Colyvas J, Crow M, Gelijns A, Mazzoleni R, Nelson R R, Rosenberg N, Sampat B N. How do university inventions get into practice? [J]. Management Science, 2002, 48 (1): 61 – 72.

[168] Cooper A C. The role of incubator organizations in the founding of growth-oriented firms [J]. Journal of Business Venturing, 1985, 1 (1): 75 – 86.

[169] Cunningham J A, O'Reilly P. Macro, meso and micro perspectives of technology transfer [J]. The Journal of Technology Transfer, 2018, 43 (3): 545 – 557.

[170] Cunningham J A, Menter M, Chris Y. A review of qualitative case methods trends and themes used in technology transfer research [J]. The Journal of Technology Transfer, 2017, 42 (8): 923 – 956.

[171] Daft R L, Murphy J, Willmott H. Organization Theory and Design [M]. South-Western Cengage Learning, 2010.

[172] Damanpour F, William M E. Organizational innovation and performance: The problem of organizational lag [J]. Administrative Science Quarterly, 1984, 29 (3): 392 – 409.

[173] Delmas M A, Pekovic S. Organizational configurations for sustainability and employee productivity: A qualitative comparative analysis approach [J]. Business & Society, 2018, 57 (1): 216 – 251.

[174] D'Este P, Perkmann M. Why do academics engage with industry? The entrepreneurial university and individual motivations [J]. The Journal of Technology Transfer, 2011, 36 (3): 316 – 339.

[175] DiMaggio P J, Powell W W. The iron cage revisited: Institutional isomorphism and collective rationality in organizational fields [J]. American Sociological Review, 1983, 48 (2): 147 – 160.

［176］Djokovic D, Souitaris V. Spinouts from academic institutions: A literature review with suggestions for further research ［J］. The Journal of Technology Transfer, 2008, 33 (3): 225 –247.

［177］Eapen A. Social structure and technology spillovers from foreign to domestic firms ［J］. Journal of International Business Studies, 2012, 43 (3): 244 –263.

［178］Edquis C. Design of innovation policy through diagnostic analysis: Identification of system problems (or failures) ［J］. Industrial and Corporate Change, 2011, 20 (6): 1725 –1754.

［179］Edwin Mansfield. International Technology Transfer: Forms, Resource Requirements, and Policies ［J］. The American Economic Review, 1975, 65 (2): 372 –376.

［180］Egger P, Keuschnigg C, Winner H. Incorporation and taxation: Theory and firm-level evidence ［J］. CESifo Working Paper, Munich, 2009.

［181］Eisenhardt K M, Graebner M E. Theory building from cases: Opportunities and challenges ［J］. Academy of Management Journal, 2007, 50 (1): 25 –32.

［182］Eldred E, McGrath M. Commercializing new technology ［J］. Research Technology Management, 1997, 40 (2): 29 –34.

［183］Guerzoni M, Raiteri. Demand-side vs. supply-side technology policies: Hidden treatment and new empirical evidence on the policy mix ［J］. Research Policy, 2015, 44 (3): 726 –747.

［184］Etzkowitz H, Leydesdorff L. The triple helix-university-industry-government relations: A laboratory for knowledge-based economic development ［J］. Glycoconjugate Journal, 1995, 14 (1): 14 –19.

［185］Etzkowitz H, Leydesdorff L. The dynamics of innovation: From national systems and 'mode 2' to a triple helix of university-industry-government relations ［J］. Research Policy, 2000, 29 (2): 109 –123.

［186］Etzkowitz H. Innovation in innovation: The triple helix of university-industry-government relations ［J］. Social Science Information, 2003, 42 (3): 293 –337.

[187] European Commission. The first action plan for innovation in Europe: Innovation for growth and employment [M]. Luxembourg, Office for Official Publications of the European Communities, 1997.

[188] Feldman M P, Link A N, Siegel D S. The economics of science and technology: An overview of initiatives to foster innovation, entrepreneurship, and economic growth [M]. Boston: Kluwer Academic Publishers, 2002.

[189] Feldman M P, Audretsch D B. Innovation in cities: Science-based diversity, specialization and localized competition [J]. European Economic Review, 1999, 43 (2): 409 – 429.

[190] Fiss P C. Building Better Casual Theories: A Fuzzy Set Approach to Typologies in Organizational Research [J]. Academy of Management Journal, 2011, 54 (2): 393 – 420.

[191] Foss N, Lyngsie J, Shaker Z. Organizational design correlates of entrepreneurship: The roles of decentralization and formalization for opportunity discovery and realization [J]. Strategy Organization, 2015, 13 (1): 32 – 60.

[192] Frondizi R, Chiara F, Nathalie C, Gloria F. The evaluation of universities third mission and Intellectual Capital: Theoretical analysis and application to Italy [J]. Sustainability, 2019, 11 (12): 3455 – 3478.

[193] Fuest C, Huber B, Nielsen S B. Why is the corporate tax rate lower than the personal tax rate? The role of new firms [J]. Journal of Public Economics, 2002, 87 (1): 157 – 174.

[194] Furnari S, Crilly D, Misangyi, V F, Greckhamer T, Fiss P C, Aguilera R V. Capturing causal complexity: Heuristics for configurational theorizing [J]. Academy of Management Review, 2020 (9): 78 – 99.

[195] Galbraith C S, Merrill G, Campbell K. The vertical transfer of technological know-how in the navy research and development community [J]. The Journal of High Technology Management Research, 1991, 2 (1): 15 – 33.

[196] George G, Zahra S A, Wood D. The effects of business-university

alliances on innovative output and financial performance: A study of publicly traded biotechnology companies [J]. Journal of Business Venturing, 2002, 17 (6): 577 – 609.

[197] Glaeser E L, Laibson D, Sacerdote B. An economic approach to social capital [J]. The Economic Journal, 2002, 112 (483): 437 – 458.

[198] Goldfarb B, Henrekson M. Bottom-up versus top-policies towards the commercialization of university intellectual property [J]. Research Policy, 2003, 32 (4): 639 – 658.

[199] Good M, Knockaert M, Soppe B. A typology of technology transfer ecosystems: How structure affects interactions at the science-market divide [J]. The Journal of Technology Transfer, 2020, 45 (5): 1405 – 1431.

[200] Good M, Knockaerta Mirjam, Soppea Birthe, Wright Mike. The technology transfer ecosystem in academia [J]. An Organizational Design Perspective, 2019, 82 – 83 (5): 35 – 50.

[201] Greckhamer T. CEO compensation in relation to Worker Compensation across countries: The configurational impact of country-Level institutions [J]. Strategic Management Journal, 2016, 37 (4): 793 – 815.

[202] Grimaldi R, Wright S M, et al. 30 years after Bayh-Dole: Reassessing academic entrepreneurship [J]. Research Policy, 2011, 40 (8): 1045 – 1057.

[203] Gunasekara C. Reframing the role of universities in the development of regional innovation systems [J]. Journal of Technology Transfer, 2006 (31): 101 – 113.

[204] Haufer A, Norbäck P J, Persson L. Entrepreneurial innovations and taxation [J]. Journal of Public Economics, 2014, 113 (5): 13 – 31.

[205] Hayter C S, Nelson A J, Zayed S, O'Connor A C. Conceptualizing academic entrepreneurship ecosystems: A review, analysis and extension of the literature [J]. The Journal of Technology Transfer, 2018, 43 (4): 1039 – 1082.

[206] Heinzl J, Kor A, Orange G, Kaufmann H R. Technology transfer model for Austrian higher education institutions [J]. The Journal of Technology

Transfer, 2013, 38 (5): 607 – 640.

[207] Heisey P W, Adelman S W. Research expenditures, technology transfer activity, and university licensing revenue [J]. The Journal of Technology Transfer, 2011, 36 (1): 38 – 60.

[208] Hinkin T R. A review of scale development practices in the study of organizations [J]. Journal of Management: Official Journal of the Southern Management Association, 1995, 21 (5): 967 – 988.

[209] Hitt Michael A, Robert E H, Ireland R D, Jeffrey S H. Effects of acquisitions on R&D inputs and outputs [J]. Academy of Management Journal, 1991 (34): 693 – 706.

[210] Hobbs K. G, Link A. N, Scott J. T. Science and technology parks: An annotated and analytical literature review [J]. The Journal of Technology Transfer, 2017, 42 (4), 957 – 976.

[211] Howells J. Intermediation and the role of intermediaries in innovation [J]. Research Policy, 2006, 35 (5): 715 – 728.

[212] Huang Y M, David B, Audretsch M H. Chinese technology transfer policy: The case of the national independent innovation demonstration zone of East Lake [J]. Journal of Technology Transfer, 2013, 38 (6): 828 – 835.

[213] Iansiti M, Levien R, et al. The keystone advantage: What the new dynamics of business ecosystems mean for strategy, innovation, and sustainability [J]. Future Survey, 2004, 20 (2): 88 – 90.

[214] Jackson D J. What is An Innovation Ecosystem? [R] National Science Foundation, USA, 2011.

[215] Jasanoff S. Designs on nature: Science and democracy in Europe and the United States [M]. Princeton University Press, 2005.

[216] Jefferson D J, Magali M, Alexander F, Monica A S, Alan B B. Technology transfer in the Americas: Common and divergent practices among major research universities and public sector [J]. Journal of Technology Transfer, 2017, 42 (6): 1307 – 1333.

[217] Jensen R, Thursby M C. Proofs and prototypes for sale: The licensing of university inventions [J]. American Economic Review, 2001, 91

(1): 240 – 259.

[218] Jorgensen T. B, Bozeman B. Public values an inventory [J]. Administration and Society, 2007, 39 (3): 354 – 381.

[219] Kenney M, Patton D. Reconsidering the Bayh-Dole Act and the current university invention ownership model [J]. Research Policy, 2009, 38 (9): 1407 – 1422.

[220] Kim Y. The ivory tower approach to entrepreneurial linkage: Productivity changes in university technology transfer [J]. Journal of Technology Transfer, 2013, 38 (2): 180 – 197.

[221] Kingsley G, Farmer M C. Using technology absorption as an evaluation criterion: Case studies from a state research and development program [J]. Policy Studies Journal, 1997, 25 (3): 436 – 450.

[222] Kingsley G, Klein H. Interfirm collaboration as a modernization strategy: A survey of case studies [J]. Journal of Technology Transactions, 1998, 23 (1): 65 – 74.

[223] Kirby D A, Hadidi H H. University technology transfer efficiency in a factor driven economy: The need for a coherent policy in Egypt [J]. The Journal of Technology Transfer, 2019, 44 (5): 1367 – 1395.

[224] Kirchberger M A, Pohl L. Technology commercialization: A literature review of success factors and antecedents across different contexts [J]. The Journal of Technology Transfer, 2016, 41 (5): 1077 – 1112.

[225] Klagge B, Martin R. Decentralized versus centralized financial systems: Is there a case for local capital markets? [J]. Journal of Economic Geography, 2005, 5 (4): 387 – 421.

[226] Kochenkova A, Grimaldi R, Munari F. Public policy measures in support of knowledge transfer activities: A review of academic literature [J]. Journal of Technology Transfer, 2016, 41 (5): 407 – 429.

[227] Kolb C, Wagner M. How university spin-offs differ in composition and interaction: A qualitative approach [J]. The Journal of Technology Transfer, 2018 (43): 734 – 759.

[228] Lake A. Technology creation and technology transfer by multinational

firms [J]. Research in International Business and Finance, 1979, 1 (2): 137 – 177.

[229] Lambe C J, Spekman R E. Alliances, external technology acquisi-tion, and discontinuous technological change [J]. Journal of Product Innovation Management, 1997, 14 (2): 102 – 116.

[230] Landry R, Amara N, Cloutier, J S, Halilem N. Technology trans-fer organizations: Services and business models [J]. Technovation, 2013, 33 (12): 431 – 449.

[231] Lane P, Salk J E, Lyles M A. Absorptive capacity, learning, and performance in international joint ventures [J]. Strategic Management Journal, 2001, 22 (12): 1139 – 1161.

[232] Laursen K, Reichstein T, Salter A. Exploring the effect of geo-graphical proximity and university quality on university-industry collaboration in the United Kingdom [J]. Regional Studies, 2011, 45 (4): 507 – 523.

[233] Lehmann E E, Menter M. Public cluster policy and performance [J]. The Journal of Technology Transfer, 2018, 43 (3): 558 – 592.

[234] Lerner J. Boulevard of broken dreams: Why public efforts to boost entrepreneurship and venture capital have failed—and what to do about it [M]. Princeton University Press, 2009.

[235] Li Y, Guo H, Liu Y, Li M. Incentive mechanisms, entrepreneur-ial orientation, and technology commercialization: Evidence from China's tran-sitional economy [J]. Journal of Product Innovation Management, 2008, 25 (1): 63 – 78.

[236] Lichtenthaler U, Erns H. External technology commercialization in large firms: Results of a quantitative benchmarking study [J]. R&D Manage-ment, 2007, 37 (5): 383 – 397.

[237] Link A N. Government as entrepreneur: Reframing a dimension of science and technology policy [J]. Research Policy, 2010, 39 (5): 565 – 566.

[238] LinkA N, Scott T J. University research parks [J]. Oxford Review Economic Policy, 2007, 23 (4): 661 – 674.

[239] Lo T H, Liou S, Yuan B. Organisation innovation and entrepreneurship: The role of the national laboratories in promoting industrial development [J]. International Journal of Technology Management, 2005, 30 (1 – 2): 67 – 84.

[240] Magro E, Wilson J R. Complex innovation policy systems: Towards an evaluation mix [J]. Research Policy, 2013, 42 (9): 1647 – 1656.

[241] Maine E, Garnsey E. Commercializing generic technology: The case of advanced materials ventures [J]. Research Policy, 2006, 35 (3): 375 – 393.

[242] Mariana M. From market fixing to market-creating: A new framework for innovation policy [J]. Industry and Innovation, 2016, 23 (2): 140 – 156.

[243] McAdam M, Miller K, McAdam R. Understanding Quadruple Helix relationships of university technology commercialisation: A micro-level approach [J]. Studies in Higher Education, 2018, 43 (6): 1058 – 1073.

[244] Meuer J, Rupietta C. A review of integrated QCA and statistical analyses [J]. Quality and Quantity, 2017, 51 (5): 2063 – 2083.

[245] Meyer M. Academic entrepreneurs or entrepreneurial academics? Research based ventures and public support mechanisms [J]. R&D Management, 2003, 33 (2): 107 – 115.

[246] Meyer A D, Tsui A S, Hinings C R. Configurational Approaches to Organizational Analysis [J]. Academy of Management Journal, 1993, 36 (6): 1175 – 1195.

[247] Micelotta E, Lounsbury M, Greenwood R. Pathways of institutional change: An integrative review and research agenda [J]. Journal of Management, 2017, 43 (6): 1885 – 1910.

[248] Mitchell W, Singh K. Survival of businesses using collaborative relationships to commercialize complex goods [J]. Strategic Management Journal, 1996, 17 (3), 169 – 195.

[249] Motohashi K. University-industry collaborations in Japan: The role of new technology-based firms in transforming the National Innovation System

[J]. Research Policy, 2005, 34 (5), 583 – 594.

[250] Mowery D, Oxley J E, Silverman B S. Strategic alliances and inter-firm knowledge transfer [J]. Strategic Management Journal, 1996, 17 (2): 77 – 91.

[251] Mowery D, Sampat B N. The Bayh-Dole Act of 1980 and university-industry technology transfer: A model for other OECD governments? [J]. Journal of Technology Transfer, 2005, 30 (12): 115 – 127.

[252] Mowery D, Ziedonis A A. Markets versus spillovers in outflows of university research [J]. Research Policy, 2015, 44 (1): 50 – 66.

[253] Mukherji N, Silberman J. Knowledge flows between universities and industry: The impact of distance, technological compatibility, and the ability to diffuse knowledge [J]. The Journal of Technology Transfer, 2021, 46 (12): 223 – 257.

[254] Munari F, Toschi L. Assessing the impact of public venture capital programmes in the United Kingdom: Do regional characteristics matter? [J]. Journal of Business Venturing, 2015, 30 (2): 205 – 226.

[255] Nepelski D, Piroli G. Organizational diversity and innovation potential of EU-funded research projects [J]. The Journal of Technology Transfer, 2018, 43 (3): 615 – 639.

[256] Nord W R, Tucker S. Implementing routine and radical innovation [M]. Lexington: Lexington Books, 1987.

[257] North D C. Institutions, Institutional Change, and Economic Performance [M]. Cambridge University Press, 1990.

[258] O'Kane C, Mangematin V W, Geoghegan et al. University technology transfer offices: The search for identity to build legitimacy [J]. Research Policy, 2015, 44 (2): 421 – 437.

[259] O'Kane C, Cunningham J A, Menter M, Walton S. The brokering role of technology transfer offices within entrepreneurial ecosystems: An investigation of macro-meso-micro factors [J]. The Journal of Technology Transfer, 2021, 46 (10): 1814 – 1844.

[260] O'Shea R, Allen T, Chevalier A. Entrepreneurial orientation,

technology transfer, and spin-off performance of US universities [J]. Research Policy, 2005, 34 (7): 994 – 1009.

[261] Oh D S, Phillips F, Park S, Lee E. Innovation ecosystems: A critical examination [J]. Technovation, 2016, 54 (8): 1 – 6.

[262] Pandza K, Holt R. Absorptive and transformative capacities in nanotechnology innovation systems [J]. Journal of Engineering and Technology Management, 2007, 24 (4): 347 – 365.

[263] Paul D A, Hall B, Toole A. Is public R&D a complement or substitute for private R&D? A review of the econometric evidence [J]. Research Policy, 2000, 29: 497 – 529.

[264] Perkmann M, Tartari V, McKelvey M, Autio E, Brostrom A, D'Este P, et al. Academic engagement and commercialization: A review of the literature on university-industry relations [J]. Research Policy, 2013, 42 (2): 423 – 442.

[265] Powers J B, McDougall P. University start-up formation and technology licensing with firms that go public: A resource-based view of academic entrepreneurship [J]. Journal of Business Venturing, 2005, 20 (3): 291 – 311.

[266] Powers J B. Commercializing academic research: Resource effects on performance of university technology transfer [J]. The Journal of Higher Education, 2003, 74 (1): 26 – 50.

[267] Prange H. Explaining varieties of regional innovation policies in Europe [J]. European Urban and Regional Studies, 2008, 15 (1): 39 – 52.

[268] Radosevich R. A model for entrepreneurial spin-offs from public technology sources [J]. International Journal of Technology Management, 1995, 10 (7 – 8): 879 – 893.

[269] Ragin C C, Fiss P C. Net Effects Analysis Versus Configurational Analysis: An Empirical Demonstration [M]. University of Chicago Press, 2008.

[270] Ragin C C. Redesigning Social Inquiry: Fuzzy Sets and Beyond [M]. Chicago: University of Chicago Press, 2008.

［271］Ragin C C. The comparative method: Moving beyond qualitative and quantitative strategies ［M］. University of California Press, 1987.

［272］Rasmussen E. Government instruments to support the commercialization of university research: Lessons from Canada ［J］. Technovation, 2008, 28 (8): 506 – 517.

［273］Ravi R, Janodia M D. University-industry technology transfer in India: A plausible model based on success stories from the USA, Japan, and Israel ［J］. Journal of the Knowledge Economy, 2022, 13 (2): 1692 – 1713.

［274］Rip A, Kemp R. Technological Change ［M］. Columbus: Battelle Press, 1998.

［275］Rogers E M, Takegami S, Yin J. Lessons learned about technology transfer ［J］. Technovation, 2001, 21 (4): 253 – 261.

［276］Roessner J D, Bean A S. Federal technology transfer: Industry interactions with federal laboratories ［J］. Journal of Technology Transfer, 1990, 15 (4): 5 – 14.

［277］Roessner J D, Wise A. Public policy and emerging sources of technology and technical information available to Industry ［J］. Policy Studies Journal, 2010, 22 (2): 349 – 358.

［278］Rothaermel F T, Agung S, Jiang L. University entrepreneurship: A taxonomy of the literature ［J］. Industrial and Corporate Change, 2007, 16 (4): 691 – 791.

［279］Rothaermel F T, Thursby M. University-incubator firm knowledge flows: Assessing their impact on incubator firm performance ［J］. Research Policy, 2005, 34 (3): 305 – 320.

［280］Rothwell R, Zegveld W. Reindustrialization and Technology ［M］. Longman, 1985.

［281］Slater S F, Mohr J J. Successful development and commercialization of technological innovation: Insights based on strategy type ［J］ Journal of Product Innovation Management, 2006, 23 (1): 26 – 33.

［282］Sandra S R. Inclusive innovation in developed countries: The who, what, why, and how ［J］. Technology Innovation Management Review, 2017,

7 (7): 34 −46.

[283] Santoro M D. Success Breeds Success: The linkage between relationship intensity and tangible outcomes in industry-university collaborative ventures [J]. The Journal of High Technology Management Research, 2000, 11 (2): 255 −273.

[284] Schneider C Q, Wagemann C. Set-Theoretic Methods for the Social Sciences: A Guide to Qualitative Comparative Analysis [M]. Cambridge University Press, 2012.

[285] Schumpeter Joseph A. Capitalism, Socialism and Democracy [M]. New York: Harper and Brothers Publishers, 1942.

[286] Shahid Yusuf. Intermediating knowledge exchange between universities and businesses [J]. Research Policy, 2008, 37 (8): 1167 −1174.

[287] Shane S. Encouraging university entrepreneurship? The effect of the Bayh-Dole Act on university patenting in the United States [J]. Journal of Business Venturing, 2004, 19 (1): 127 −151.

[288] Siegel D S, Veugelers R, Wright M. Technology transfer offices and commercialization of university intellectual property: Performance and policy implications [J]. Oxford Review of Economic Policy, 2007, 23 (4): 640 −660.

[289] Siegel D S, Waldman D, Link A N. Assessing the impact of organizational practices on the relative productivity of university technology transfer offices: An exploratory study [J]. Research Policy, 2003, 32 (1): 27 −48.

[290] Siegel D S, Waldman D D, Atwater L E, Link A N. Toward a model of the effective transfer of scientific knowledge from academicians to practitioners: Qualitative evidence from the commercialization of university technologies [J]. Journal of Engineering and Technology Management, 2004 (21): 115 −142.

[291] So A D, et al. Is Bayh-Dole good for developing countries? lessons from the US experience [J]. Plos Biology, 2008, 6 (10): 2078 −2084.

[292] Sony P, Mark E. What separates Japanese new product winners from users [J]. Product Innovation Managements, 1996 (13): 422 −439.

[293] Steers R M, Meyer A D, Sanchez-Runde C J. National culture and

the adoption of new technologies [J]. Journal of World Business, 2008, 43 (3): 224 – 260.

[294] Stets J E, Burke P J. Identity theory and social identity theory [J]. Social Psychology, 2000, 63 (3): 224 – 237.

[295] Thursby J G, Thursby M C. Industry/university licensing: Characteristics, concerns and issues from the perspective of the buyer [J]. The Journal of Technology Transfer, 2003, 28 (3): 207 – 213.

[296] Todtling F, Trippl M. One size fits all? Towards a differentiated regional innovation policy approach [J]. Research Policy, 2005, 34 (8): 1203 – 1219.

[297] Toedtling F. Do different types of innovation rely on specific kinds of knowledge interactions? [J]. Technovation, 2009, 29 (1): 59 – 71.

[298] Tsang Eric. Implementation of technology transfer in sino-foreign joint ventures [J]. International Journal of Technology Management, 1995, 10 (7 – 8): 757.

[299] Vaananen L. Public provision of business support services in Finland [R]. ETLA Discussion Papers: The Research Institute of the Finnish Economy, 2003.

[300] Van Looy, Debackere K, Andries P, et al. Policies to stimulate regional innovation capabilities via university-industry collaboration: An analysis and an assessment [J]. R&D Management, 2003, 33 (2), 209 – 229.

[301] Van Wijk R, Jansen J J P, Lyles M A. Inter and intra organizational knowledge transfer: A meta-analytic review and assessment of its antecedents and consequences [J]. Journal of Management Studies, 2008, 45 (4): 830 – 853.

[302] Von Bargen P, Freedman D, Pages E R. The rise of the entrepreneurial society [J]. Economic Development Quarterly, 2003, 17 (4): 315 – 324.

[303] WIPO. Intellectual property rights and innovation in small and medium enterprises [R]. Geneva: World Intellectual Property Organisation, 2004.

[304] Wong P K. Commercializing biomedical science in a rapidly chan-

ging "triple-helix" nexus: The experience of the National University of Singapore [J]. The Journal of Technology Transfer, 2007, 32 (4): 367 –395.

[305] Woolley J L, Rottner R M. Innovation policy and nanotechnology entrepreneurship [J]. Entrepreneurship Theory and Practice, 2008, 32 (5): 791 –811.

[306] Yin R K. Case study research and applications: Design and methods [M]. Sage Publications, 2003.

[307] Zhang M Y. Meso-level factors in technological transitions: The development of TD-SCDMA in China [J]. Research Policy, 2016, 45 (2): 546 – 559.

[308] Zhao L M, Reisman A. Toward Meta research on technology-transfer [J]. IEEE Transactions on Engineering Management, 1992, 39 (1): 13 – 21.

[309] Zucker L G, Darby M R. Capturing technological opportunity via Japan's star scientists: Evidence from Japanese firms' biotech patents and products [J]. Journal of Technology Transfer, 2001, 26 (1 –2): 37 –58.